Jürgen Vogt

Tierisch wild

NATURPARADIESE IM SÜDWESTEN

Jürgen Vogt

Tierisch wild

NATURPARADIESE IM SÜDWESTEN

Abbildungen Umschlag
Vorderseite oben: Luchs; *unten:* Triberger Wasserfälle © Ben Gomes;
Rückseite (v. l. n. r.) oben: Beeder Biotop © Günter Maier;
Eisvogel © VDN/Frank Löscher; *unten:* Wildkatze © VDN/Maik Elbers;
Südeifel © VDN/Winfried Hoor

Bibliografische Information der Deutschen Nationalbibliothek
Die Deutsche Nationalbibliothek verzeichnet diese Publikation
in der Deutschen Nationalbibliografie; Detaillierte bibliografische
Daten sind im Internet über http://www.dnb.d-nb.de abrufbar.

Projektleitung und Redaktion: Dirk Zimmermann
Bildrecherche: Linda Weidenbach, Dirk Zimmermann
Gestaltung und Produktion: Tanja Krichel, Verlagsbüro Wais & Partner, Stuttgart
Druck und Binden: Print Consult, München

www.belser.de

MIX
Papier aus verantwortungsvollen Quellen
FSC www.fsc.org FSC® C084279

ISBN 978-3-7630-2723-1

Übersichtskarte

NATURPARADIESE IM SÜDWESTEN

INHALT

Liebe Leser,

man muss nicht in den Amazonasurwald reisen, um Wildnis und wilde Tiere zu erleben. In den Naturparken, Biosphärenreservaten und Nationalparken sowie in weiteren Naturparadiesen Deutschlands lassen sich erlebnisreiche Landschaften und faszinierende Tiere mit sachkundiger Führung oder auch auf eigene Faust oft hautnah erleben.

Mit diesem Buch möchten wir Sie neugierig machen und einladen, die Natur vor der Haustür in Baden-Württemberg, in Rheinland-Pfalz und im Saarland zu entdecken. Beeindruckende Landschaften und wilde Tiere – und damit sind nicht nur Luchs und Biber gemeint – findet man in Deutschland auch und gerade in den vielfältigen Kulturlandschaften, die viele unserer Schutzgebiete prägen. Diese Landschaften mit ihren Eigenarten und Schönheiten bieten auch heimlichen und oft bedrohten Wildtieren eine Heimat. So sind Feldhamster und Feldhase echte Kulturfolger geworden, der Wanderfalke hat den Kirchturm als Brutplatz entdeckt und der Luchs ist in unseren Wäldern wieder heimisch geworden. Diese Vielfalt zu bewahren ist heute die große Herausforderung für die ganze Gesellschaft und damit für jeden von uns.

Nationalparke, Biosphärenreservate und insbesondere die Naturparke sind auch Schutzgebiete zum Erleben. Hier sind die Schatzkammern der Natur für Besucher geöffnet und ausgebildete Führer oder Ranger können Ihnen die Besonderheiten der Landschaft sowie der Tier- und Pflanzenwelt zeigen und erklären. Auch dort, wo man vieles schon zu kennen glaubt, gibt es oft noch versteckte Schätze, atemberaubende Landschaften und unbekannte Tiere, die es zu entdecken gilt.

Starten Sie Ihre Entdeckungsreise in die Naturparadiese vor Ihrer Haustür!

Mehr über die Naturparke erfahren Sie im Internet unter www.naturparke.de.

Michael Arndt

Dr. Michael Arndt
Präsident Verband Deutscher Naturparke e.V.

Liebe Leser,

wir vom SWR Fernsehen machen seit Jahrzehnten für Sie Filme über die größten Naturparadiese der Erde. Dazu gehören beispielsweise Dokumentationen über die eindrucksvollen Tierwanderungen in der afrikanischen Savanne, Reportagen über den Schutz der Eisbären in der Arktis oder die Bewahrung des Regenwaldes am Amazonas. Dazu gehört aber auch die „Wildnis vor der Haustür", die in den vergangenen Jahren glücklicherweise wieder verstärkt ins Bewusstsein gerückt ist.

Das SWR Fernsehen hat in den zurückliegenden Jahren – entweder im Alleingang oder mit Partnern – zahlreiche Filme produziert, in denen die Natur im Südwesten die Hauptrolle spielt. Im Rahmen der Sendereihe „Wildes Deutschland" wurden Pfälzerwald und Schwarzwald vorgestellt. Neue Folgen sind aktuell in Arbeit.

Mit „Die schönsten Naturparadiese im Südwesten" und „Tierisch wild im Südwesten" haben wir seit 2013 Sendungen im Programm, die beweisen, dass unsere Natur durchaus auf Augenhöhe mit Serengeti & Co. ist und dass unsere tierischen Nachbarn sich – was Findigkeit und Überlebenswillen angeht – nicht vor Löwe und Eisbär zu verstecken brauchen.

Begleitet werden unsere Naturfilme durch umfangreiche Angebote im Internet (wie zum Beispiel dem Tierlexikon im Kindernetz) sowie die Arbeit der Kolleginnen und Kollegen, die täglich in „Planet Schule", „Planet Wissen", „OLIs wilde Welt" und anderen Sendungen Themen rund um die Natur und ihren Schutz unterhaltend und informativ umsetzen. Und nicht zu vergessen die Kolleginnen und Kollegen, die in den täglichen Sendungen wie der „Landesschau" immer wieder Themen aufgreifen, die der Natur und unseren tierischen Nachbarn unter den Krallen brennen.

Mit unseren Sendungen und dem vorliegenden Band möchten wir Sie informieren und unterhalten. Vor allem aber möchten wir Sie auch anregen, die „Wildnis vor der Haustür" selber zu entdecken, denn was wir im SWR Fernsehen nicht leisten können und wollen ist, Ihnen das eigene Naturerleben zu ersetzen. Dazu müssen Sie die Nase schon selbst reinhalten in Schwarzwald, Pfälzerwald & Co. ...

Liebe Grüße und bleiben Sie unserem
SWR Fernsehen treu,

Stefanie von Ehrenstein
Leitung Kinder- und Familienprogramm
SWR Fernsehen

Rückkehr auf leisen Sohlen

BIOSPHÄRENRESERVAT PFÄLZERWALD

Ein Luchs braucht eigentlich gar nicht so viel, um glücklich zu sein. Ihm genügt ein ausgedehntes Waldgebiet mit viel Wild. Wenn der Wald dann noch hier und da ein paar felsige Regionen mit kleinen Höhlen bietet, dann ist das Luchsparadies perfekt. Diese Genügsamkeit hat dafür gesorgt, dass der **Luchs** bis vor knapp 150 Jahren in ganz Deutschland verbreitet war. Wälder und Wild gab's genug. Und im Gegensatz zum Wolf war er auch nicht sonderlich scheu. Während Wölfe eher unsicher bis an die Grenze der Feigheit agieren und uns in der Regel aus dem Weg gehen, sind Katzen aller Art mit einem gesunden Selbstbewusstsein ausgestattet. Begegnet man ihnen zufällig, dann schauen sie sich erstmal gelangweilt an, wer man ist und was als Nächstes passiert. Und genau diese typische „Katzenarroganz" hat dazu geführt, dass sie im Gegensatz zu Wölfen relativ einfach zu jagen waren. Bereits Mitte des 18. Jahrhunderts waren die letzten Pfalzluchse erlegt. 1846 wurde der letzte Luchs auf der Schwäbischen Alb erschossen. Dieser Luchs war für fast 150 Jahre der letzte, der in Deutschland außerhalb von Naturkundemuseen, Zoos und Trophäenzimmern gesichtet wurde.

Es ist kein Zufall, dass die ersten Luchse, die wieder nach Deutschland einwanderten, sich ausgerechnet auch den Pfälzerwald ausgesucht haben. In den 140 Jahren seiner Abwesenheit hat sich viel verändert in Deutschland. Die Wälder sind weniger geworden, die Landwirtschaft wurde intensiviert (man kann vielerorts von einer Agrarsteppe reden) und vor allem die Menschen sind mehr geworden. Der 1846 geschossene Luchs hatte es noch mit knapp 24 Millionen Menschen zu tun, der Luchs von heute mit über 80 Millionen. Kurzum: Die freie Wildbahn ist einfach kleiner geworden – und seltener. Der Pfälzerwald ist für den Luchs so interessant, weil er das größte zusammenhängende Waldgebiet Deutschlands ist. Je nach Rechenart kommt man auf um die 1600 km^2 – umgerechnet so viel wie 320 000 Fußballplätze. Und da es in Deutschland offiziell nur 67 000 Fußballplätze gibt, ist der Pfälzerwald knapp viermal größer als Fußballdeutschland. Und das will im Lande des viermaligen Weltmeisters was heißen.

In den vergangenen Jahren ist viel vom „Schutz der biologischer Vielfalt" die Rede. Im Gegensatz zum klassischen Begriff „Naturschutz" ist damit gemeint, dass man nicht nur die einzelnen Tier- und Pflanzenarten schützen muss, sondern das Gesamtkunstwerk aus Arten, ihrer genetischen Vielfalt – und ihren Lebensräumen. Im Pfälzerwald, dieser einzigartigen Mittelgebirgslandschaft mit ausgedehnten Mischwäldern, Höhenzügen, tiefen Tälern und Felsformationen, ist sowohl die Anzahl der Tier- und Pflanzenarten als auch die Vielzahl an unterschiedlichen Lebensräumen für Deutschland außergewöhnlich hoch. Deshalb ist der Pfälzerwald in Fachkreisen ein sogenannter „Hotspot" der biologischen Vielfalt – so nennt man heute Naturparadiese auf schlau.

Die Bedeutung der „biologischen Vielfalt" beruht auf der – richtigen – Annahme, dass eine vielfältige Landschaft zwingende Voraussetzung für eine vielfältige Pflanzenwelt ist. Und die wiederum zwingende Voraussetzung für eine vielfältige Tierwelt, in der wiederum die eine Art von

Haare an den Ohren gelten gemeinhin als eher unattraktiv. Beim Luchs gehören die „Pinsel" aber dazu – und sehen gut aus!

Wie alle Katzen sind Luchse hervorragende Kletterer. Gelegenheit dazu haben sie im Pfälzerwald en masse.

STECKBRIEF LUCHS

Wissenschaftlicher Name: Lynx lynx (vom griechischen „Leuchten“ wegen der Augen)
Gewicht: max. 25 kg
Schulterhöhe: max. 70 cm
Länge: max. 120 cm (inkl. kurzer Stummelschwanz)
Lebenserwartung: ca. 5 Jahre (in Gefangenschaft bis zu 20 Jahre)
Paarungszeit: Februar bis März
Jungtiere: 2–3, ab Mai und Juni
Spur: im Gegensatz zu Hund und Wolf kann der Luchs seine Krallen einziehen

der anderen abhängt. Es ist eine Kettenreaktion, in der das, was im ersten Glied passiert, direkt auch beim letzten Glied ankommt.

Am Beispiel des Luches im Pfälzerwald läuft das zum Beispiel wie folgt: In einem Tal in der Nähe des Drachenfelses (nicht der am Rhein, sondern der echte in der Pfalz) gibt es eine wechselfeuchte Nasswiese, d. h., zeitweise steht die Wiese unter Wasser, kann aber auch komplett trockenfallen, wenn's lange keinen Regen gibt. Hier wächst der Große Wiesenknopf, eine Pflanze aus der Gattung der Rosengewächse. Der ist einigen Großmüttern noch bekannt als Hausmittel gegen Durchfall – aber das ist eine andere Geschichte. Der Große Wiesenknopf ist unabdingbar für das Wohlergehen des Dunklen Wiesenknopf-Ameisenbläulings, eines Schmetterlings. Dessen Raupen ernähren sich nämlich ausschließlich von den Blättern des Großen Wiesenknopfs. Kein Wiesenknopf – kein Schmetterling. Dieser Ameisenbläuling wird jetzt von einer Waldwühlmaus gegessen, die wiederum von einem seltenen **Baummarder** verspeist wird. Auch der braucht zum Leben – wie der Luchs – große, vielfältige Waldgebiete. Und wird, wenn er unvorsichtig ist, vom Luchs gefressen.

Dem Luchs ist es zugegebenermaßen völlig schnurz, ob es jemals eine Pflanze wie den Großen Wiesenknopf gegeben hat. Oder einen Schmetterling, der auf den seltsamen Namen Ameisenbläuling hört. Und trotzdem wäre er heute nicht satt geworden, gäbe es die Wiesenknopf-Silgenwiese nicht. Das heißt für uns Menschen, die den Luchs toll finden und schützen wollen: Es hilft nichts, die Tiere einfach nur vor dem Abschuss zu bewahren und ein paar Naturschutzgebiete auszuweisen, in denen man weder jagen noch stören darf. Wir müssen das Gesamtkunstwerk „Natur“ schützen – auch die nasse Wiese ein paar Kilometer weiter. Auch wenn diese auf den ersten Blick nicht besonders spannend aussieht und nichts mit dem Luchs zu tun hat.

Das tragische Schicksal des Baummarders ist uns natürlich nicht egal. Er war als Beispiel nur perfekt, weil es ihn erstens im Pfälzerwald gibt und weil er zweitens, vom Gewicht her, genau der Tagesration eines Luchses entspricht. Etwas über ein Kilogramm Fleisch braucht der Westentaschentiger täglich. Und die holt er sich nicht wie Wolf, Löwe oder Gepard durch Anschleichen und einen schnellen Sprint, sondern durch Abwarten und Lauern. Er sucht sich stark genutzte Wildwechsel und versteckt sich. Benutzt dann ein Tier diesen Weg, wird's zur Beute. Dabei ist der Luchs nicht besonders wählerisch. Junge Wildschweine oder Rotwild, Kaninchen, Hasen und Rehe, Marder, Dachse und Füchse – alles, was leichter als der Luchs ist, kann er überwältigen. Das heißt aber auch, ganz nebenbei, dass man so ab 25 kg Körpergewicht ziemlich sicher sein kann, nicht gefressen zu werden.

Diese Art zu jagen hat viele Vorteile. Man hat viel Zeit, auszuruhen – und läuft sich nicht ständig die Lunge aus dem Leib. Das reduziert den Stress und schlägt sich vor allem in einer hohen Lebenserwartung nieder. Werden Löwen (die bei all ihrer hektischen Sprinterei gerade mal eine Erfolgsquote von 10 % haben) im Schnitt nur 3 bis 5 Jahre alt, so können Luchse in freier Wildbahn durchaus 15 oder 20 Jahre alt werden. Aber es gibt auch Nachteile; die anderen Waldbewohner sind schließlich auch nicht blöd. Schlägt der Luchs an einem Wildwechsel zu, dann meiden sie den gefährlichen Weg und bewegen sich in der ganzen Gegend ex-

Die bizarren Felsformationen mitten im Wald sind für uns Menschen faszinierend und einfach schön, für seine tierischen Bewohner idealer Lebensraum.

Auch der Baummarder braucht zum Leben – wie der Luchs – große vielfältige Waldgebiete.

Adressen

Biosphärenhaus Pfälzerwald/Nordvogesen
Infozentrum des Biosphärenreservats mit Baumwipfelpfad und Ausstellung
Am Königsbruch 1
66996 Fischbach
www.biosphaerenhaus.de

Haus der Nachhaltigkeit Infozentrum und Multimedia-Ausstellung
Johanniskreuz 1a
67705 Trippstadt
www.hdn-pfalz.de

Wild- und Wanderpark Silz
Hauptstraße
76857 Silz
www.wilpark-silz.de

Etwa 100 ha großer Park mit ca. 400 europäischen Wildtieren

trem vorsichtig, sodass der Luchs den Überraschungseffekt verliert. Mithin muss er sich nach jedem Angriff ein anderes Jagdrevier suchen. Nicht selten legen Luchse so etwa 40 km in einer einzigen Nacht zurück. Bis sie in einer Gegend ankommen, in der die tierischen Nachbarn noch arg- und ahnungslos sind.

Und genau hier greift ein Katzengesetz, das der Arterhaltung eher hinderlich ist. Luchse sind Einzelgänger, die eifersüchtig über ihr Revier wachen und keinen Luchs neben sich dulden. Durch das ständige Nomadisieren brauchen sie riesige Reviere von 40 bis 100 km Größe, das heißt für den Pfälzerwald, dass er maximal 20–25 Luchse vertragen könnte. Oder andersrum: Im Pfälzerwald würden sich nur 20–25 Luchse vertragen. Das wäre die Zahl, bei der auch der „Fraßdruck" auf die anderen Tierarten nicht zu hoch wäre und es weiterhin genügend Rehe & Co. geben würde, ohne dass das natürliche Gleichgewicht gestört wäre.

Die Krux an der Sache aber ist die: Eine Tierart kann sich nur selbst erhalten, wenn sie für genügend Nachwuchs sorgt. Und das wird dem Pfalzluchs auf absehbare Zeit nicht gelingen. Bisher geht man nur von einer Handvoll Tiere aus, die durch den Pfälzerwald streifen. Die Auswahl unter den möglichen Partnern ist also eh schon gering. Und wie schwer es ist, zur richtigen Zeit den richtigen Partner zu treffen, beweisen nicht zuletzt die Partnersuchportale im Internet. Und bei denen geht es um Menschen, die ganzjährig paarungswillig sind. Bei Luchsen trifft das nur zwischen Februar und April zu. Im Pfälzerwald könnte dieser mangelnden Auswahl nur abgeholfen werden, indem viele Tiere aus Frankreich einwandern würden. Das geschähe aber nur dann, wenn im Elsass und Lothringen zu viele Luchse da wären und die Nahrung knapp würde. Aber den Franzosen geht's genau wie uns – es herrscht eher Luchsmangel. Und weil die Tiere nicht ohne Not aus ihren bekannten Jagdgründen abwandern, wird die Zahl der Neuzugänge aus Frankreich auch begrenzt bleiben.

Der Pfälzerwald ist eine der großartigsten Naturlandschaften Deutschlands. Und er verdient eindeutig mehr Luchse, die als „Leuchtturm" der biologischen Vielfalt durch unsere Wälder streifen. Um dieses Ziel zu erreichen, sind gerade zum ersten Mal auch im Südwesten Auswilderungen geplant. Im Harz hat man damit großartige Er-

Die „Lange Anna“ auf Helgoland kann da nur mit Mühe mithalten. Und so schöne Bäche gibt’s auf der Insel auch nicht.

fahrungen gemacht – hier leben wieder mehr als 25 Tiere. Und es gibt wieder Nachwuchs in einer freien Wildbahn, die viel kleiner ist als die im Pfälzerwald. Vielleicht gelingt es im Juni oder Juli irgendeinem Glückspilz, nach fast 250 luchsfreien Jahren bald wieder den ersten jungen Luchs zu beobachten.

Der Südteil des Pfälzerwaldes, der Wasgau, ist Zentrum einer anderen Tierart, die bei uns fast ausgestorben war. Die mehr als 200 Felsmassive bieten den **Wanderfalken** einen idealen Brutplatz. Ein Großteil der Nester wird von März bis Juni von Freiwilligen rund um die Uhr bewacht. Das ist einerseits nötig, um Störungen zu verhindern. Und andererseits eine Chance auch für Laien, mehr über die Vögel zu erfahren. Die Naturschützer im Wald zeigen Kletterern und Wanderern gerne die Pfalzfalken und erklären, was den Tieren das Leben leichter macht. Dazu gehört vor allem Ruhe. Falken haben nichts gegen Paparazzi. Aber auf Abstand bitte.

Wanderfalken brüten heutzutage gerne und bevorzugt in Städten. Das liegt vor allem daran, dass es heute mehr Bauwerke als natürliche Felsen gibt. Im Pfälzerwald ist es noch andersrum.

Verwunschene und geheimnisvolle Plätze wie diesen gibt es im Pfälzerwald zuhauf.

Feen, Käfer und Kaninchen

SÜD- UND VORDERPFALZ

Es gibt tierische Nachbarn, die sich über Jahrhunderte uns gegenüber nicht immer korrekt und höflich verhalten haben. Das Paradebeispiel sind die **Wanderheuschrecken**, die heute noch in Afrika als regelrechte Plage auftreten. Im Mittelalter suchte die Europäische Wanderheuschrecke auch den Südwesten heim, verschwand dann aber irgendwann. Massenhaftes Auftreten gab es schon länger nicht mehr, und das letzte Exemplar wurde 1949 gesichtet. Ihr Verschwinden werden die meisten als wenig bedauerlich empfinden. Und haben dabei – zumindest als Katholiken – sogar kirchliche Rückendeckung. Mitte des 16. Jahrhunderts wurde die Wanderheuschrecke in einem Hexenprozess als „teuflisches Wesen" exkommuniziert. Und dringend aufgefordert, ihr schädliches Tun unverzüglich einzustellen.

Genauso erging es einer anderen Tierart – dem Maikäfer. Dem wurde aber schon 1320 in Avignon der Prozess gemacht. Damit war er seiner Zeit voraus, denn die systematische Hexenverfolgung ging eigentlich erst 200 Jahre später so richtig los. Und war, um der Wahrheit die Ehre zu geben, auch keine katholische Sache, sondern wurde in evangelischen Ländern fast mit noch mehr Inbrunst betrieben.

Am Beispiel Maikäfer kann man übrigens prima sehen, wer den meisten Einfluss auf Menschen hat. Das ist nicht die Kirche. Der Papst verfluchte das Tier und alle hassten es. So weit so gut. Dann aber kam Reinhard Mey. Der sprach den Käfer 1973 in seinem Requiem „Es gibt keine Maikäfer mehr" geradezu heilig. Damit kippte die Stimmung und der Maikäfer hatte wieder Sympathisanten, obwohl der Maikäfer nach wie vor Schäden anrichtete. Aber das tun Fondsmanager und Börsenspekulanten schließlich auch – und haben trotzdem Menschen, die sie mögen.

Einem anderen Schädling wurden keine Lieder gesungen. Er galt unbestritten als größter Unruhestifter aller Zeiten. Die Spuren seiner Verwüstungen ziehen sich durch die gesamte neuere Geschichte. Im 1. Weltkrieg, im 2. Weltkrieg und sogar im Kalten Krieg spielte das Tier eine unrühmliche Rolle. Die Rede ist vom **Kartoffelkäfer**. Der ist so eine Art Einmann-Version der Achse des Bösen. Und deren Anstrengungen richten und richteten sich traditionell gegen die Pfalz – als eines der Hauptanbaugebiete der Kartoffel. Wie das vor sich geht, ist sonnenklar: Der Käfer und seine Larven ernähren sich von den Kartoffelpflanzen. Gerne verschweigt man aber die Tatsache, dass er

Dieser Anblick sorgte früher nicht selten für Unterrichtsausfall bei Schulkindern. Ganze Schulklassen besserten mit der Käferjagd ihr Taschengeld auf – oder trugen zum Familienunterhalt bei. Auf Maikäfer war ein Kopfgeld ausgesetzt.

Hier geht's auch dem Öchsle gut.

In Gegenden, die vom Kartoffelkäfer heimgesucht wurden, hat Borussia Dortmund auch heute noch kaum Sympathisanten. Vielleicht liegt's ja an der ungeschickten Wahl der Vereinsfarben?

das nicht freiwillig tut. Er wurde von uns dazu gezwungen, ja regelrecht dazu erzogen!

Ursprünglich lebte der Kartoffelkäfer friedlich im heutigen US-Bundesstaat Colorado. Hier ernährte er sich von Stachel-Nachtschatten. Das störte niemanden, weil Stachel-Nachtschatten als Unkraut galten. Dann aber brachten Siedler ein anderes Nachtschattengewächs aus Südamerika nach Colorado: die Kartoffel. Bis zu diesem Moment waren sich Käfer und Kartoffel nie begegnet. Plötzlich aber wurde das Unkraut beseitigt und durch Kartoffeln ersetzt. Und der Käfer musste lernen, sich auf die neue Nahrung einzustellen. Parallel zum Export der Pflanze von Süd- nach Nordamerika wurden auch in Europa die ersten Kartoffeln angepflanzt. Kurioserweise als beliebte exotische Zierpflanze. Ihre Blütenpracht wurde in den Gewächshäusern von Fürsten und Bischöfe als der Rose ebenbürtig angesehen.

Im 17. Jahrhundert ist man dann darauf gestoßen, dass man die Knollen auch essen kann. Diese Entdeckung löste viele Probleme. Die Kartoffel ist viel widerstandsfähiger als Getreide und muss nicht erst umständlich gemahlen werden. Ausbuddeln, kochen, schälen, fertig. Sie war damit das perfekte Arme-Leute-Essen.

Das fatale Aufeinandertreffen von Kartoffel und Käfer in Europa geschah dann 1877, als durch den Transatlantik-Handel die ersten „Colorado-Käfer" per Schiff in Rotterdam auftauchten – und Europa ganz prima fanden. Es gab Kartoffeln ohne Ende – und daran waren sie ja aus Colorado schon gewöhnt. So nahm das Drama seinen Lauf. Einen Lauf, dem man sogar zutraute, ins Kriegsgeschick einzugreifen. Im 1.Weltkrieg warfen die Deutschen den Franzosen vor, den Käfer gezielt zu züchten, um der deutschen Kartoffel den Garaus zu machen. Kampfname: Franzosenkäfer. Im 2.Weltkrieg machten die Deutschen selbst einen Anlauf, den Käfer als Waffe einzusetzen. Angeblich testete man bei Speyer, ob der Käfer einen Abwurf aus 8000 m Höhe überstehen könne. Denn dann hätte man ihn als biologische Bombe über russischen Feldern abwerfen können. Dazu ist es dann aber doch nicht gekommen. Zumindest nicht im Weltkrieg. Aber danach – wenn man der DDR-Propaganda Glauben schenken will. Demnach wurde der „Ami-Käfer" nämlich in großem Stil über der Sowjeti-

schen Besatzungszone abgeworfen, um der sozialistisch-antiimperialistischen Landwirtschaft den Todesstoß zu versetzen. Bis in die 60er-Jahre rückten Ost-Schulkinder in die Felder aus, um dem geflügelten Klassenfeind das Handwerk zu legen.

Man muss schon lange suchen, um ein Tier zu finden, das einen ähnlich schlechten Ruf hat. Fündig wird man zum Beispiel in Australien. Hier hört der Umweltterrorist auf den Namen Kaninchen. Zwischen 1901 und 1908 begann man, zur Gefahrenabwehr einen 3256 km langen Zaun quer durch den Kontinent zu errichten. Zum Vergleich: Die innerdeutsche Grenze war weniger als halb so lang. Der Grund für die Anstrengungen war, dass Kaninchen erstens gerne Pflanzen anknabbern, sich zweitens ungehörig schnell vermehren und drittens beides immer zusammen kommt.

In Australien gilt das Kaninchen als sogenannter „Neozoe“, also als „neues Lebewesen“. So bezeichnet man nach allgemeiner Übereinkunft Tiere, die nach der Entdeckung Amerikas von einem Kontinent zum anderen, von einem Land zum anderen eingeschleppt wurden oder zugewandert sind. Wer vorher kam, ist „natürlich“, wer nachher kam, ist „neozoisch“. Bei uns gilt das Kaninchen hingegegen als Ureinwohner, weil es ganz knapp vor dem Stichjahr 1492 nach Deutschland kam. Eigentlich stammt es aber aus Nordafrika und der Iberischen Halbinsel. Daher auch der Name „Espana“ für Spanien. Als die Phönizier das Land entdeckten, bemerkten sie auffallend viele Kaninchen. Und weil sie das Tier nicht kannten, nannten sie das Land „Land der Schliefer“ – ausgesprochen in etwa „Hispania.“

Tragischerweise gelten die Kaninchen heute in ihrem ursprünglichen Lebensraum als gefährdet; ihr Bestand ist in Spanien und Nordafrika um geschätzt 80–95 % eingebrochen. Bei uns hingegen geht's ihnen blendend. Überall da, wo es weichen, gut zu grabenden Boden gibt, fühlen sich Kaninchen wohl. Das gilt für Parks, Gärten, Friedhöfe – aber auch für die wirklich freie Wildbahn. Kaninchen lieben zum Beispiel den Speyerbach-Schwemmfächer.

Dass der Speyerbach Speyerbach heißt, ist eigentlich eine Unverschämtheit. Immerhin ist der „Bach“ 60 km lang und hätte die Bezeichnung Fluss verdient. Vergleichen Sie das nur mal mit

STECKBRIEF WILDKANINCHEN

Wissenschaftlicher Name: Oryctolagus cuniculus (das lateinische „cuniculus“ bezieht sich treffenderweise auf den „Bergbau“)

Gewicht: max. 3 kg (Zuchtkaninchen wurden schon auf 40 kg gemästet)

Ohren: max. 8 cm (bei Zuchtkaninchen bis zu 70 cm)

Schwanz: genauso lang wie die Ohren, aber unauffälliger

Alter: max. 10 Jahre

Paarungszeit: wie bei uns Menschen ganzjährig

Besonderheit: Der Trickfilmhase Bugs Bunny ist übrigens ein Kaninchen, kein Hase. Das macht aber nix; die Biene Maja ist schließlich auch eine gelb-schwarz gestreifte Wespe.

Die Chinesen zollen dem Kaninchen den gebührenden Respekt: Als Sternzeichen steht es zwischen Tiger und Drache – auf Augenhöhe mit Großkatze und Fabelwesen.

Auch der gemeine Bienenkäfer wird „Bienenwolf" genannt. Seine Larven wachsen als Räuber in Bienenstöcken heran. Mit der gleichnamigen Wespe hat er aber nichts zu tun.

der Pader. Dieser vom Papst gesegnete Wasserlauf in Nordrhein-Westfalen ist gerade mal 4 km lang – und heißt trotzdem Fluss. Offensichtlich tragen die Ostwestfalen gerne mal ein bisschen auf. Aber das ist eine andere Geschichte, die nichts mit Kaninchen zu tun hat.

Die Schwemmfächer sind so etwas wie Flussdeltas, in denen der Wasserabfluss aus dem Pfälzerwald in den Rhein gebündelt wird. Das ist an sich schon mal eine einzigartige Landschaft, die nicht umsonst zu den „Hotspots" der biologischen Vielfalt in Deutschland zählt. Dazu kommen Sandablagerungen aus der ausgehenden Eiszeit, die eine für Kaninchen unschlagbar anziehende Dünenlandschaft geformt haben. Sie ist so anziehend, weil man relativ mühelos bis zu 3 oder 4 m tiefe Löcher buddeln kann, um darin zu wohnen. Kaninchen sind nämlich Höhlenbewohner. Darin sind sie sicher vor Feinden, wie z.B. dem Fuchs. Der kann zwar auch graben, gibt in den bis zu 40 m langen Bauen aber irgendwann entnervt auf. Auch und vor allem wegen des Tricks mit den vielen Ausgängen. Der Fuchs ist chancenlos – und er weiß das.

Über der Erde, beim Grasen, finden Kaninchen in der Gruppe Schutz. Sie leben in Kolonien. Und wenn viele Augen die Gegend beobachten, dann können sich Jäger kaum unbemerkt anschleichen. Genauso machen's auch die Erdmännchen oder die großen Tierherden in der Savanne. Die Fluchtdistanz, d.h. der Abstand, den die Tiere potenziellen Angreifern zugestehen, bevor sie Reißaus nehmen, ist dabei höchst unterschiedlich. Das klassische Friedhofskaninchen ist schockfrei und lässt Besucher bis auf 10 m ran; das echte Outdoor-Kaninchen in der freien Wildbahn hält einen Mindestabstand von etwa 50 m.

Die Dünen sind für eine Vielzahl von Tierarten ein extrem seltener und damit unbezahlbar kostbarer Lebensraum. Allein über 600 Schmetterlingsarten leben hier. Dazu kommen unzählige Arten von Bienen und Wespen. Eine davon hört auf den martialischen Namen **Bienenwolf**. Die gehört zu den Grabwespen und buddelt bis zu ein Meter tiefe Kanäle in den weichen, trockenen Untergrund. Seinen Namen „Bienenwolf" hat er bekommen, weil er ein räuberisches, brutales, rohes, gewalttätiges Untier ist. Zumindest aus Sicht von Imkern. Denn der Bienenwolf jagt bevorzugt Honigbienen.

Seine Jagdtechnik mutet allerdings wirklich etwas seltsam an. Hat der Bienenwolf eine Biene mit seinem Gift betäubt, dann schlabbert er sie ab. Eine so rundum mit Wespenspucke eingesabberte Beute hält sich ewig lang. Nun stehen wir Menschen im Westen Deutschlands ja in dem Ruf, immer alles auf uns zu beziehen. Und gerne mal die Opferrolle einzunehmen. Und ein wenig selbstverliebt zu sein. So gesehen ist es logisch, den Bienenwolf eklig zu finden. Schließlich will kein Mensch eingesabbert in die Kiste klettern. Dann schon lieber schnell und sauber von einem Löwen gefressen werden. Das geht schnell, ist durch den Nackenbiss eine saubere Sache – und macht den Nachruf in der Zeitung auch irgendwie spektakulärer.

Zur Ehrenrettung des Bienenwolfs sei gesagt, dass er nichts aus bösem Willen tut, sondern aus-

Vielleicht die kleinste Sahara der Welt?

Viele schöne Regionen in aller Welt „kranken" ja irgendwie am mangelnden Weitblick. Das kann man von der Südpfalz nicht behaupten.

schließlich aus altruistischen Motiven. Er selbst ernährt sich nämlich von Nektar. Nur der Nachwuchs braucht nahrhafte Bienen als Futter. Also legt sich das Bienenwolf-Weibchen mit den wehrhaften Honigbienen an. Das ist Mut! Das ist Mutterliebe! Genau wie bei Mücken übrigens. Die sind eigentlich auch echte Vegetarier. Nur die Weibchen werden zu Blutsaugern, um ihrem Nachwuchs genügend Proteine liefern zu können. Brasilianisch-gazellenhaft tanzen sie dann unsere Deckung aus, riskieren alles für das Wohlergehen ihrer Kinder. Vielleicht ist das ein Grund dafür, dass Menschen mit Kindern längst nicht so panisch auf Mücken reagieren wie Kinderlose. Man hat Verständnis für die Nöte und Bedürfnisse der jungen Mutter. Und reiht sich klaglos in die Nahrungskette ein.

Die Nützlichkeit der Bienenwolf-Weibchen erschöpft sich aber nicht im Einsatz für ihren Nachwuchs. Sie waren auch ein spannendes Forschungsobjekt der menschlichen Arzneimittelindustrie. Sie produzieren nämlich eine Bakterie, die wiederum neun verschiedene Antibiotika erzeugt – also ein fortschrittliches Breitband-Antibiotikum, das Menschenleben retten könnte. Außerdem hat ein Bienenfresser-Weibchen die sprichwörtliche Wespentaille, die Generationen von Stars und Starlets dazu animiert hat, weibliche Rundungen oben und unten mit dünner Mitte dazwischen zu pflegen. Mithin läutete sie als Schönheitsideal das Ende der Rubensweiber ein. Kurzum: Über die Weibchen des Bienenwolfs kann man viel Positives sagen.

Wie so oft in der Tier- und Menschenwelt gilt das nicht für die Männchen. Außer vielleicht, dass sie völlig pazifistisch sind. Weil sie sich nicht an der Aufzucht der Larven beteiligen, bleiben sie – wie auch die Mückenmännchen – völlig harmlos. Allerdings auch– und das nicht nur aus feministischer Sicht – irgendwie nutzlos.

Eigentlich liegt der Sommer-Feenkrebs lieber auf dem Rücken und lässt sich wie ein sonnenhungriger Tourist die Sonne auf den Bauch scheinen.

Der Schwemmfächer bietet auch einer Tierart ein Zuhause, das für Biologen so was wie der Nibelungenschatz der Gliederfüßler ist: sagenumwoben und verschollen. Während der Hort der Nibelungen aber bis heute nicht gefunden wurde, ist der **Sommer-Feenkrebs** in den 1980er-Jahren wiederauferstanden. Dabei galt er bei uns als ausgestorben, unwiederbringlich verloren. Lange Zeit war er spurlos vom Erdboden verschwunden. Und just in dem Moment, in dem alle Biologen jede Hoffnung verloren hatten, schauten sich ein paar Naturschützer auf Truppenübungsplätzen der Bundeswehr um. Und voilà, da war er wieder. Aber warum sucht sich ein Tier, das nach filigran gebauten, weiblichen Zauberwesen benannt ist, ausgerechnet die deutsche Truppe als Lebensraum aus? Einen Lebensraum, der eher für den infernalischen Lärm von Panzerketten und Granaten steht und nicht nur aus Sicht der damals noch existierenden Wehrpflichtigen ein eher zweifelhafter Aufenthaltsort ist. Die Antwort ist ganz einfach: Der Boden war karg – und somit für den Ackerbau uninteressant. Und damit ideal, um einen Truppenübungsplatz einzurichten. Fruchtbaren Ackerboden lässt man schließlich ungern brachliegen – auch nicht für die Landesverteidigung.

Die Abwesenheit von Pflug, Kunstdünger und intensiver Bewirtschaftung ist ein Grund. Ein anderer ist die Truppe selbst. Beziehungsweise die typische Art, wie die Truppe eine Landschaft nutzt. Genau darin liegt das auch Geheimnis des Standortübungsplatzes Speyer. Man fährt gerne mit Panzern und anderem schweren Gerät und hinterlässt dabei tiefe Fahrspuren und Tümpel, in denen sich Regenwasser sammelt. Den Krebs gibt's jetzt am ehesten da, wo es keine Fische gibt, die ihn fressen. Dass solche flachen Tümpel oder Spuren vom Kampfpanzer regelmäßig austrocknen, ist dagegen weniger schlimm. Die Sommer-Feenkrebse legen frost- und hitzeresistente „Dauereier", aus denen auch nach mehreren Jahren noch Nachwuchs schlüpfen kann. Das ist eine geniale Überlebensstrategie, macht den Biologen aber das Leben schwer. An ein und demselben Ort kann ich jahrelang suchen, ohne ein Tier zu finden. Trotzdem ist es da. So ähnlich wie beim Nibelungenschatz. Aus diesem Grund kann man auch nicht behaupten, dass der Sommer-Feenkrebs zu den seltensten Tieren Deutschlands gehört. Niemand kann wissen, wie viele es genau gibt. Aber dass er zu den unsichtbarsten gehört, das kann man so sagen. Und das passt dann auch wieder zur Bundeswehr, bei der eine gelungene Tarnung schon die halbe Miete ist.

Eine Auferstehung wie beim Sommer-Feenkrebs nennt man übrigens den „Lazarus-Effekt". Bei dieser Bezeichnung spielt die leicht übertriebene Hybris einiger Biologen eine Rolle. Lazarus wurde in der Bibel durch Jesus von den Toten auferweckt. Jesus hat das in der Bibel genau ein Mal gemacht. Biologen sind aus eigener Sicht in Sachen Auferstehungshilfe 50-mal besser. Unter anderem gelang es ihnen beim australischen Bergbilchbeutler und der bayerischen Kurzohrmaus. Und schließlich hatte der Zimmermann Jesus keinen blassen Schimmer von Australien oder Bayern. Das lernt man nur an der Uni. Wie Claus König aus Ludwigshafen, dem Big Apple der Pfalz. Er entdeckte die Kurzohrmaus. Oder man gibt sich dem Après-

Ski-Vergnügen hin. Wie einige Fossilienkundler, die im August 1966 in einem australischen Skigebiet den Beutler entdeckten. Den kannten sie aus ihren Vitrinen. Und waren überrascht, ihn jetzt plötzlich mit Haut und Knochen zu sehen. Direkt neben einer Skihütte. Seither lebt der Bergbilchbeutler nicht mehr nur im Museum, sondern auch wieder in der freien Wildbahn.

Irgendwie ist es ein gutes Gefühl zu wissen, dass nicht immer nur ausgestorbene Tiere im Museum landen. Und da von uns angestarrt werden können. Manchmal läuft's auch andersrum. Ein Beispiel aus der Vorderpfalz bietet der Speyrer Auwald. Ein Teil heißt „Goldgrube", weil hier früher Rheingold gewaschen wurde. Hier lebten Goldwäscher. Und hier lebten **Waldwasserläufer**, eine Vogelart, die auf Französisch den etwas abfälligen Namen „Chevalier cul-blank" trägt – „Ritter mit dem weißen Arsch". Während die professionellen Goldwäscher aber schon vor knapp 100 Jahren ausgestorben sind (die Waschbank des letzten Pfälzer Goldwäschers Johann Ganninger ist im Historischen Museum der Pfalz in Speyer zu sehen), hat der Waldwasserläufer überlebt. Dabei hatten beide, Wäscher und Wasserläufer, unter demselben Problem zu leiden: Der Rhein wurde begradigt. Für die Goldwäsche war damit die Fließgeschwindigkeit zu hoch, für den Vogel verschwanden die flachen Überflutungsgewässer. Aber der Vogel hat durchgehalten, allerdings mit – auf lange Sicht – eher ungünstigen Aussichten. Durch den Klimawandel mit höheren Temperaturen und trockeneren Sommern erwarten die Biologen, dass er in naher Zukunft in den kühleren Norden abwandern muss. Bis dahin könnte er sich aber durchaus die Überreste von Ganningers Existenz im Museum anschauen – und nicht umgekehrt.

Waldwasserläufer führen eine sogenannte „monogame Saisonehe". Überzeugte Singles sind eher die Ausnahme.

Adressen

www.nabu-rlp.de
Internetseite des Naturschutzzentrums Hirtenhaus des Naturschutzbundes Deutschland e.V.

Hirschkäfer meets Hadschi Leylek

BIENWALD

Der Bienwald am Südzipfel von Rheinland-Pfalz ist etwas ganz Besonderes – zumindest für Katzenfreunde. Er ist nämlich die einzige Flachlandgegend in Deutschland, in der **Wildkatzen** leben. Man vermutet, dass um die 60 der Westentaschentiger hier eine Heimat gefunden haben. Das Besondere daran ist, dass die Wildkatzen undurchdringliche Wälder brauchen. Und die gibt es meistens nur noch in den Mittelgebirgen. Das Flachland war für uns Menschen immer einfach zu kultivieren. Und kam überall da, wo es sich lohnte, schnellstmöglich unter den Pflug. Gegenden wie der Bienwald sind eine echte Ausnahme. Genau wie seine pelzigen Bewohner. Wildkatzen zu schützen ist nicht einfach. Vor allem deshalb, weil man kaum etwas über sie weiß. Die fast scheuen Waldbewohner sind – im Gegensatz zum Beispiel zu Löwen, die weithin sichtbar im Rudel eine Siesta halten – fast unsichtbar. Um mehr über die Katzen zu erfahren, wurden im Bienwald und den Nordvogesen knapp 30 Wildkatzen gefangen und mit Sendehalsbändern ausgestattet. Dabei bediente man sich eines einfachen Tricks. Genau wie Hauskatzen werden Wildkatzen von Baldrian magisch angezogen. Man rieb also Baldrianwurzeln und streute das stark riechende Pulver in Kastenfallen. Riecht eine Wildkatze Baldrian, dann schaltet das ansonsten vorsichtige Tier sein Hirn ab und wälzt sich – Klappe zu, Katze eingesperrt. Diese Art, Katzen zu fangen, wurde von Fachleuten durchgeführt, die sich mit den Tieren gut auskennen und ihnen dabei keinen Schaden zufügten. Über längere Zeit konnten durch die kleinen Sender jetzt Daten gesammelt werden. Dabei ging es vor allem um die Wanderwege und Reviergrößen. Wenn man weiß, wo sich eine Wildkatze bewegt, kann man Gefahrenquellen wie zum Beispiel Straßen besser einschätzen. Nach wie vor ist es nämlich so, dass die meisten Nachweise von Wildkatzen dadurch erfolgen, dass tote Tiere als Verkehrsopfer gefunden werden. Man erfährt also, dass es eine Wildkatze gab, hat aber keine Ahnung, ob noch mehr da sind. Die sogenannte „Telemetrierung" mit Sen-

Eine Wildkatze in freier Wildbahn zu sehen ist ein Sechser im Lotto. Die Westentaschentiger haben nämlich überhaupt kein Interesse, mit uns Menschen Kontakt aufzunehmen.

dehalsbändern änderte das. Und auch die kleine Schwester der Telemetrierung, die Fotofalle. Überall da, wo man Wildkatzen vermutet, stellt man automatische Kameras auf. Vor der Kamera reibt man einen Stock oder Baumstamm mit Baldrian ein. Und dann gerät jede Wildkatze, die sich rollig reibt, ins Netz der Wildkatzen-NSA. Nachteil: Auch jedes andere Tier löst den Bewegungsmelder aus. Also filmt man jede Menge Füchse, Wildschweine, Hauskatzen – und muss sich durch Hunderte Fotos wühlen, ehe man die Wildkatze hat. Vorteil: Man erhält Daten, ohne die Katze zu fangen oder zu stören. Dabei liefert das ahnungslose Tier am Stock oder der Baumrinde sogar eine DNA-Probe ab. So findet man nicht nur heraus, dass es Wildkatzen gibt, sondern auch, ob sie verwandt sind, wie viele es gibt und wie weit sie wandern (wenn die gleiche Katze in mehrere Fotofallen getappt ist).

Witzig ist, dass manche Wildkatzenforscher ihr Forschungsobjekt nur von Fotos kennen. Wildkatzen sind nämlich nach wie vor – auch im Bienwald – so selten, scheu und unsichtbar, dass man sie in freier Wildbahn so gut wie nie zu sehen bekommt. Diese Forscher sind die eigentlichen Helden des Naturschutzes. Jahrelang setzen sie sich für ein Tier ein, das ihnen immer aus dem Weg geht und nur manchmal ein paar Haarbüschel an einer Falle zurücklässt. Oder – als höchstes der Gefühle – mal kurz in die Kamera lächelt.

Zum Ausgleich bekommt man aber auch Tiere zu sehen, die ähnlich unsichtbar sind wie Wildkatzen – den **Baummarder**. Genau wie die Wildkatze lebt er gerne da, wo es wenig Menschen gibt. Und wo die Bäume so dicht stehen, dass man als Tier von Baum zu Baum hüpfen kann, ohne den Boden zu berühren. Baummarder leben nämlich, wenn es geht, ausschließlich auf Bäumen. Sie werden in Baumhöhlen geboren, jagen in Baumkronen, ziehen hier ihren Nachwuchs groß – und verlassen die lichten Höhen nur, wenn's absolut nicht anders geht. Am Boden sind sie nämlich nur ein Tier unter vielen, mit allen Gefahren und Gegnern, die auf sie lauern. Auf dem Baum sind sie aber die Könige der Welt. Sie klettern besser als andere, können bis zu 5 m weit springen und haben niemanden, der ihnen zwischen den

Wir Menschen nehmen ja gerne für uns in Anspruch, viele Dinge erfunden zu haben. Die meisten „menschlichen" Errungenschaften haben wir uns aber nur abgeguckt – wie zum Beispiel den aufrechten Gang.

Unter dem Oberbegriff „Echte Marder" werden sieben Arten zusammengefasst. Dazu gehören neben Baum- und Steinmarder auch die japanischen, indischen und amerikanischen Verwandten. Der Baummarder hat es aber als einziger zu einer eigenen Währung gebracht. Die kroatische „Kuna" heißt schlicht und ergreifend „Marder" und erinnert an die Zeiten, als Marderfelle anerkanntes Zahlungsmittel waren.

Ästen in Sachen Wendigkeit das Wasser reichen kann. Mutter Natur hat ihnen einen besonderen Dienst erwiesen, indem sie ihre Pfoten extrem gelenkig gemacht hat. Baummarder können ihre Füße um 180° drehen. Damit können sie – und das ist wichtig – am Baum auch bergab laufen. Bei einer wilden Verfolgungsjagd ist das ein Vorteil, denn auch ihre Lieblingsbeute kann das – das **Eichhörnchen**. Müssten sich Baummarder bergab umdrehen und rückwärts klettern, wäre das Hörnchen über alle Berge. Die einzige Rettung für die Eichhörnchen sind dünne Äste. Mit ihren noch nicht mal 400 Gramm können sie sich auch auf kleinste Äste retten, wohin ihnen der anderthalb Kilogramm schwere Marder nicht folgen kann. Weder rauf noch runter. Untersuchungen in Polen haben übrigens gezeigt, dass Weibchen bei der Jagd auf Eichhörnchen erfolgreicher sind als die Jungs. Warum? Es liegt am Gewicht. Wie bei vielen Säugetieren sind die Männchen massiger als ihre besseren Hälften und kommen nicht so hoch hinauf.

Das Gewicht ist übrigens auch eine Unterscheidungsmöglichkeit zwischen Baummarder und **Steinmarder**. Steinmarder, die nicht auf Bäume klettern müssen, sind dicker und schwerer. Dazu kommt noch ein weißer Kehlfleck (im Gegensatz zur gelben Halsfärbung beim Baummarder). Und natürlich die Vorliebe, Kühlwasserschläuche und Kabel an Autos zu zerlegen. Angeblich richten sie dabei jedes Jahr Schäden in Höhe von über 60 Millionen Euro an.

Die Steinmarder, auch Hausmarder genannt, haben sich im Gegensatz zu ihren Waldverwandten an die Nähe des Menschen gewöhnt. Wenn man einen Marder gesehen hat und sich nicht sicher ist, welche Art es war, hilft eine einfache Faustregel: Im Wald am Baum = Baummarder. Im Ort am Zaun = Steinmarder. Gemeinsam haben beide aber eine Eigenart: Sie bauen sich kein Zuhause, sondern nutzen vorhandene Bauten, um darin zu leben. Im Fall des Steinmarders sind das vor allem Höhlen, Dachböden oder Erdbauten anderer Tiere, im Fall des Baummarders sind es Baumhöhlen von Specht & Co. sowie aufgegebene Eichhörnchenkobel und sogar Greifvogelnester. Dabei sind sie nicht wählerisch und haben immer mehrere Nebenwohnungen in petto. Die brauchen sie auch, denn bei der geringsten Störung geben die scheuen Waldbewohner ihre Wohnung auf und ziehen in Windeseile um. Mit Kind und Kegel. Weil Störungen im deutschen Wald nicht so selten vorkommen wie wünschenswert, ist es wichtig, dass die Tiere viele Bauten zur Auswahl haben. Und das bedeutet, dass der ideale Lebensraum für Baummarder ein Wald ist, in dem es viele alte und tote Bäume gibt. Für uns Menschen sieht so ein Wald immer ein bisschen unaufgeräumt aus. Das liegt einfach daran, dass ein Baum, der an Alterschwäche stirbt (und nicht an der Kettensäge), immer ein bisschen traurig aussieht. Wälder wie der Bienwald haben damit in ihrem alten Kernbereich immer einen leicht morbiden Charme.

Davon profitieren aber zahllose Tierarten. Unter anderem die sogenannten Totholzkäfer, von denen es hier deutschlandweit die meisten Arten gibt – insgesamt 670. Der auffälligste davon ist mit Sicherheit der **Hirschkäfer**. Der ist der größte

Der männliche Hirschkäfer ist durch Mutter Natur dazu verurteilt, sein riesiges „Geweih" mit sich rumzuschleppen. So richtig nützlich ist es nur selten.

Käfer Europas und wird bis zu siebeneinhalb Zentimeter lang. Besonders auffällig sind die Männchen, deren Geweih die Käfer ihren Namen verdanken. Dabei ist es gar kein Geweih, sondern der Oberkiefer der Tiere, mit denen sie dem Rotwild Konkurrenz machen. Mit dem Oberkiefer werfen die Männchen ihre Konkurrenten um. Und beeindrucken die Weibchen. Nur dazu taugt das Oberkiefergeweih – und zu sonst nix. Fressen kann man damit nicht mehr. Die Weibchen müssen den Männchen helfen, indem sie an den Baumrinden nagen und die Männchen dann den austretenden Saft schlürfen können. Sonst würden sie verhungern. Die Weibchen sind es auch, die sich um den Nachwuchs kümmern müssen. Mit ihren bescheideneren, dafür aber wirkungsvollen Oberkiefern graben sie sich zu den Wurzeln alter und toter Bäume durch und legen dort ihre Eier ab. Hier entwickeln sich dann in mehreren Schritten die fertigen Käfer. Und das kann lange dauern. Bis zu 8 Jahre. Die Larven können bis zu 10 cm groß sein und haben in dieser Zeit auch noch Kiefer, mit denen sie kräftig zubeißen können. Bei den Männchen verliert sich das dann aber, sobald sie schlüpfen. Offensichtlich ist Attraktivität für die Männchen wichtiger als Lebenstüchtigkeit. Warum macht Mutter Natur das? Irgendwie erinnert die Sache an die Existenz von Magermodels auf den Laufstegen dieser Welt. Jeder weiß, dass ein Leben als Hungerhaken weder gesund noch

In den Tierfabeln gilt der Weißstorch wenig schmeichelhaft als Inbegriff für Stolz. Sein afrikanischer Verwandter *Mycteria ibis* mit gelbem Schnabel kommt da weitaus schlimmer weg: Sein deutscher Name lautet „Nimmersatt".

angenehm ist. Trotzdem überlebt der Trend auch jahrelange gesellschaftliche Diskussionen und Verbote. Nur gertenschlanke weibliche Models haben auf dem Laufsteg Chancen. Und nur Hirschkäfer mit großem Geweih haben Erfolg bei Frauen.

Die Hirschkäfer haben dabei aber wenigstens einen Trost: Die Quälerei dauert nicht allzu lange. Während Magermodels für 10 oder mehr Jahre jedem Kühlschrank aus dem Weg gehen müssen, lebt der fertige Käfer nur 5 bis 8 Wochen als zahnloser Tiger. Und wird dabei noch gefüttert.

Nach unserer Vorstellung kommt die soziale Versorgung von Artgenossen eigentlich nur in monogamen Beziehungen vor. Paare kümmern sich um den Partner, versorgen sich gegenseitig mit Nahrung und Obdach und stehen auch in schwierigen Zeiten füreinander ein. Kurzum: Sie stehen treu zueinander. Als Paradebeispiel gelten dabei die **Weißstörche**, die in der Südpfalz dank menschlicher Hilfe wieder im Aufwind sind. Mit ihrer sprichwörtlichen Treue ist es allerdings nicht weit her. Sie sind Anhänger der „seriellen Monogamie", das heißt, sie sind zwar treu, aber eben „nacheinander". Ein Storch liebt seine Heimat und sein Zuhause. Kehrt er im Frühjahr vom Winterzug zurück in die Pfalz, dann schaut er zuerst einmal in seinem alten Horst vorbei. Findet er da einen passenden Partner, dann geht er mit dem die Ehe auf Zeit ein. Das kann dann zwar der Partner vom letzten Jahr sein, muss es aber nicht. Denn Weißstörche fahren getrennt in Urlaub. Sie fliegen im Herbst zwar gemeinsam ab, gehen dann aber getrennte Wege. Und die Wahrscheinlichkeit, nach 6 Monaten und 10 000 km gleichzeitig wieder am Horst anzukommen, ist eher gering. Also nehmen sie meist mit dem Partner vorlieb, der sich im Horst zuerst eingenistet hat. Dieses Verhalten mag aus unserer menschlichen Sicht unmoralisch wirken, macht aber sehr viel Sinn. Der Winterzug der Weißstörche ist eine gefährliche Sache – und längst nicht jeder Storch überlebt die Reise. Würde der erste Storch vergeblich auf seinen eventuell verstorbenen Partner warten, dann gäbe es erheblich weniger Nachwuchs. Und das macht keinen Sinn.

Weißstörche sind Segelflieger, die im Gleitflug große Strecken zurücklegen. Dazu brauchen sie Aufwinde, die es nur tagsüber gibt. Kraftvolles Flügelschlagen sieht man meist nur bei Starts und Landungen.

Stress gibt es dann, wenn der verspätete Partner doch noch auftaucht. Rechnet er sich Chancen aus, den Rivalen besiegen zu können, dann kämpft er – um seinen Partner und seinen Horst. Der Verlierer muss sich dann anderswo umsehen. Nach einem neuen Partner und einem Ort, wo er ein neues Nest bauen kann. Solche Szenen können im Frühjahr nicht selten beobachtet werden. Umso erstaunlicher ist es, dass sich die Mär vom „monogamen" Weißstorch so lange gehalten hat. Das wiederum liegt einfach daran, dass man die Störche zwar mochte, aber so gut wie nichts über sie wusste.

Bis vor knapp 200 Jahren „wusste" man, dass sich Störche im Winter wie Reptilien im Schlamm einbuddeln und dort überwintern. Das hört sich zwar abwegig an, war aber nicht so dumm gedacht; schließlich halten auch Igel unter Laubhaufen einen Winterschlaf. Dann aber – am 21. Mai 1822 – tauchte ein Storch auf, dem ein Pfeil im Hals steckte. Damals wurden Vögel in der Pfalz und anderen Gegenden Deutschlands durchaus noch mit Pfeilen oder Blasrohren gejagt; an und für sich war die Entdeckung also nichts Besonderes. Als ein weitgereister Naturkundler aber entdeckte, dass es sich um einen afrikanischen Pfeil handelte, zählte man eins und eins zusammen. Schon seit 1682, als die „Brandenburgisch-Afrikanische Com-

STECKBRIEF WEISSSTORCH

Wissenschaftlicher Name: Ciconia ciconia (also „Storch Storch")
Größe: ca. 80 cm
Spannweite: bis zu 2 m
Gewicht: bis zu 4,5 kg (vollgefressen); um die 2 kg (nach dem Winterzug)
Weiteste Strecke: bis 20 000 km
Besonderheit: Es gibt „Wessis" und „Ossis". Wessis leben links der Elbe und ziehen Richtung Westafrika, Ossis leben rechts der Elbe und ziehen nach Ostafrika. Nur wenige Störche „machen rüber".

Weißstörche galten für Jahrhunderte wegen ihrer angeblichen Treue als moralisches Vorbild. Wie man darauf kam, ist ein Rätsel. Man kann so einfach noch nicht einmal Männchen und Weibchen unterscheiden.

Adressen

Storchenzentrum Bornheim
Kirchstraße 1
76879 Bornheim

Hier werden verletzte Störche gepflegt und wieder ausgewildert. Daneben gibt es eine Ausstellung und unzählige Umweltbildungsveranstaltungen – nicht nur zum Weißstorch.

pagnie" gegründet wurde, deren hehres Ziel der Sklavenhandel war (und die übrigens die erste deutsche Aktiengesellschaft war), wusste man, dass es auch in Afrika Weißstörche gibt. Der Pfeilstorch bewies jetzt, dass es sich dabei um ein und dieselben Störche handelte. Und dass sie den Winter mitnichten verschlafen, sondern nach Afrika ziehen und im Frühjahr zurückkehren. Insgesamt tauchten mit den Jahren etwa 25 sogenannte Pfeilstörche in Deutschland auf. Und gaben durch die Identifizierung der Pfeile (aus welcher Gegend sie stammten) einen ersten Aufschluss über die Zugwege der Störche. Und brachten die Forscher nebenbei auf die Idee, man könne Zugvögel auch beringen, um sie besser zu erforschen.

Die Ringe wurden übrigens zu einem beliebten Teil des Kopfschmucks einiger zentral- und ostafrikanischer Jäger. Störche waren hier eine beliebte Jagdbeute, weil ihr Fleisch nicht so seifig schmeckt wie das anderer Vögel. Ganz nebenbei: Die Jagd mit Pfeil und Bogen ist keine Bedrohung der Art. Verglichen mit der Vernichtung des Lebensraumes in Deutschland sind die wenigen gejagten Vögel eine Lappalie. Eine Lappalie, die uns aber bitter aufstößt, weil der Storch bei uns als nicht essbar gilt. In Bibel und Koran ist er ein „unreines" Tier, das nicht verzehrt werden darf. Und nebenbei hat er als Symbol fast schon einen Heiligenschein. Er bringt als Klapperstorch die Kinder, schützt Häuser vor Blitzeinschlägen und gilt als Schlangenvertilger. So einen tötet man nicht. Auf Türkisch heißt der Weißstorch übrigens „Hadschi Leylek", in etwa „klappernder Mekkapilger". Dadurch, dass mehrere Millionen Störche jedes Jahr aus Europa nach Süden zogen, wusste man hier schon früh Bescheid, dass Störche nicht im Schlamm überwintern. Dass sich die Erkenntnis im aufgeklärten Europa erst mit dem Pfeilstorch durchsetzte, ist aber keineswegs überraschend. Versuchen Sie mal, einem nüchternen Naturwissenschaftler zu erklären, Millionen Vögel würden ihren religiösen Pflichten nachkommen und in einen Ort in der Wüste pilgern. Sie würden belächelt werden – genau wie vor 200 Jahren.

Treibende Kraft, dem Weißstorch in der Pfalz wieder auf die roten Beine zu helfen, war übrigens auch ein Geistlicher. Gerhard Postel aus Freimersheim war evangelischer Pfarrer, Vorsitzender des Bundes für Vogelschutz in Rheinland-Pfalz und Mitbegründer der „Aktion Pfalzstorch", die grandiose Erfolge zum Schutz der Störche erzielen konnte. Innerhalb von nur 20 Jahren stieg die Zahl der Störche in Rheinland-Pfalz von fast null auf fast tausend an. Allein in der Pfalz leben wieder mehr als 170 Brutpaare, die regelmäßig für Nachwuchs sorgen. Keine Tierart hat dermaßen vom Einsatz seiner menschlichen Freunde profitiert.

Die – unter anderem evangelische – Initialzündung erschöpfte sich dabei aber nicht darin, auf Dächern Storchennester zu bauen. Die bieten einem durchziehenden Storch zwar ein Heim, aber noch keine Lebensgrundlage. Die Umgebung muss ihm auch genug Nahrung bieten: Es müssen Wiesen, Weiden, Feuchtgebiete und vielfältige Landschaften da sein. Nur dann findet der Storch genügend Futter, zu denen Mäuse, Insekten und die sprichwörtlichen Frösche gehören. Die jagt er übrigens nur bei uns. In den afrikanischen Überwinterungsgebieten packt ein Storch einen Frosch nicht mit der Zange an, denn die meisten sind dort giftig und selbst für einen Storch mit unverwüstlichen Magen nicht zu verdauen.

Vor allem der Herbstzug der Weißstörche bietet die Gelegenheit, viele der Tiere zu beobachten. Um September rum sammeln sich die Tiere zu teils riesigen Gruppen in der Pfalz, um dann gemeinsam nach Süden aufzubrechen. Sie ziehen dann in großen Schwärmen über Frankreich bis nach Spanien. Dabei sind sie auf Thermik, das heißt Aufwinde angewiesen, auf denen sie kraftsparend segeln können. Diejenigen Störche, die weiter nach Afrika wollen, müssen dann aber die Straße von Gibraltar überqueren. Und die hat nicht nur keine Thermik zu bieten, sondern auch noch starke Seitenwinde, bei denen regelmäßig ganze Storchentrupps aufs offene Meer getrieben werden. Vor einigen Jahren ist so ein Trupp auf dem Rückweg im Frühjahr auf einem Frachtschiff gelandet. Und zwar genau auf dem richtigen. Die Tiere haben sich unter den vielen infrage kommenden Schiffen eins ausgesucht, das nach Norden unterwegs war. Richtung Heimat. Ob auch ein Storch aus der Südpfalz dabei war, werden wir nicht herausfinden. Aber möglich ist es.

In dieser Gegend fühlen sich eher die schwarzen Verwandten der Weißstörche wohl. Dichter Wald ist für Weißstörche nichts, denn sie sind keine wendigen Kunstflieger.

Von Hamstern und Hasen

RHEINHESSEN

Beim Stichwort „Naturparadies" denken die meisten Menschen automatisch an undurchdringliche Wälder, urige Berglandschaften mit wildromantischen Bachtälern oder einsame Seen, zu denen man stundenlang wandern muss, weil es weder Straßen noch Zufahrten gibt. Kurz gesagt setzen wir Natur immer mit Wildnis gleich. Manche Tiere sehen das aber anders. Für sie ist die von Menschen gestaltete „Kulturlandschaft" der geeignete Lebensraum. Und genau aus diesem Grund lebt der **Feldhamster** gerne in Rheinhessen.

Rheinhessen ist ein sogenannter „Gunstraum", das heißt, der Boden ist fruchtbar, die Temperaturen sind mild und der Regen fällt moderat, aber regelmäßig. Deshalb haben die Menschen hier schon früh angefangen, die Landschaft nach ihren Bedürfnissen umzugestalten – die Wildnis in eine Kultur zu verwandeln. Die Wälder wichen dem Ackerbau (heute gehört Rheinhessen mit gerade mal 5 % Waldflächen tatsächlich zu den baumärmsten Gegenden Deutschlands). Böse Zungen sprechen bei einer so sehr vom Menschen geprägten Landschaft gerne auch mal von „Agrarsteppe". Was es erstens ziemlich genau trifft und die Gegend zweitens für Feldhamster attraktiv macht.

Feldhamster sind Steppentiere. Mit dem Wald haben sie es nicht so. Und deshalb fanden sie es offensichtlich prima, als die Menschen anfingen, Ackerbau zu betreiben. Aus den waldfreien Steppen Osteuropas stand ihnen jetzt auch der Westen offen (Feldhamster sind eigentlich „Ossis").

Der herkömmliche Ackerbau mit kleinen Feldern war für den Hamster perfekt! Kartoffel-, Rüben-, Luzerne- und Getreidefelder lagen dicht nebeneinander und konnten vom Hamster in wenigen Gehminuten rund um seinen Bau bequem und sicher erreicht werden. Darüber hinaus hatte er – wegen der unterschiedlichen Reifezeiten – zwischen April und Oktober immer genug zu fressen. Damit hatte er sich als Untermieter der Landwirte an deren Bedürfnissen orientiert. Auch die Menschen waren darauf angewiesen, dass verschiedene Nahrungsmittel übers Jahr verteilt reiften und nicht alles gleichzeitig. Der Hamster war allerdings alles andere als beliebt. Vor allem in harten Zeiten galt der Hamster als Dieb – und man kämpfte um jedes Korn. Der Hamster wurde systematisch gejagt, auf den Kopf jedes Hamsters waren bis in die 80er-Jahre Prämien ausgesetzt. Es gab sogar das offiziell anerkannte Berufsbild des „Hamsterjägers" (das mittlerweile aber ausgestorben ist). Trotz der intensiven Bejagung war der Bestand der Nager allerdings nie gefährdet.

Das änderte sich aber, als die Landwirtschaft umgekrempelt wurde. Aus den kleinen Feldern wurden riesige Äcker, aus abwechslungsreichen Fruchtfolgen wurden Monokulturen. Diese Veränderung des Lebensraumes hat dem Feldhamster fast den Garaus gemacht. Nicht nur im Südwesten, sondern in ganz Deutschland. In Rheinhessen ist der Bestandsrückgang noch relativ moderat verlaufen. Das mag daran liegen, dass hier die „Industrialisierung" der Landwirtschaft nicht so konsequent wie in anderen Teilen Deutschlands erfolgte. Vor allem aber liegt es daran, dass Rheinhessen zu den wärmsten, sonnigsten und fruchtbarsten Gegenden Deutschlands gehört. Hier kann

Viele Tiere legen Wert auf ein unauffälliges Federkleid. Das ist ziemlich schlau, da eine gute Tarnung oft eine lebensverlängernde Maßnahme ist. Männliche Exemplare führen da oft ein farbenprächtigeres und gefährlicheres Leben.

„Feldhamster ernten, wo sie nicht gesät haben". Diese Einsicht des 18. Jahrhunderts verschaffte dem Hamster einen schlechten Ruf – das „Hamstern" war geboren.

man auch als Hamster schwere Zeiten ein bisschen besser ertragen. Und überleben.

Richtig erholt hat sich der Bestand aber auch hier nicht. Das liegt vor allem daran, dass der Feldhamster so ein schrecklicher Stubenhocker ist. Man geht davon aus, dass sein Revier rund um den Bau gerade mal 400 mal 400 Meter groß ist. Gerade so groß, dass er sich vor Raubvögeln, die ihn gerne fressen würden, noch rechtzeitig in den Bau retten kann. Das heißt, sein Revier hat wegen seiner kurzen Beine eine begrenzte Größe. Die Chance, auf dieser kleinen Fläche einem möglichen Sexualpartner – sei es auch nur für einen One-Night-Stand – zu begegnen, ist denkbar gering. Deshalb gibt es Auswilderungsprogramme, sozusagen als von Menschen initiierte Partnersuche.

À propos „One-Night-Stand": Der Begriff trifft es ziemlich genau. Hamsterliebe ist kurz und findet in der Regel bei ihr statt. Männchen haben nur kleine Baue, so etwas wie unaufgeräumte Junggesellenbuden, die sich weder für eine Zweierbeziehung noch für die Jungenaufzucht eignen. Deshalb muss es ein Hamster-Casanova schaffen, in den Bau des Weibchens eingeladen zu werden. Der ist größer, komfortabler – und wahrscheinlich auch besser eingerichtet. Hier zieht das Weibchen dann als Alleinerziehende ihre Jungen groß.

Die Sterblichkeit bei den Jungen ist allerdings sehr hoch. Schon nach drei bis vier Wochen verlassen sie den mütterlichen Bau und sind auf sich allein gestellt – ohne jegliche Lebenserfahrung. Auf der Suche nach einem eigenen Revier sind sie lange ohne Deckung oder Rückzugsmöglichkeiten unterwegs und werden oft Opfer von Greifvögeln. Ihre einzige Verteidigung ist ein Bluff. Sie werfen sich auf den Rücken, zeigen ihren dunklen Bauch und ihre vier Pfoten – und hoffen, dass der Greifvogel sie mit dem weit aufgerissenen Maul eines Löwen oder Wolfs verwechselt. Das klappt zwar manchmal, aber leider nicht oft genug. Zumal sich unter Greifvögeln mittlerweile rumgesprochen haben dürfte, dass es in Rheinhessen weder Löwen noch Wölfe gibt. Sollte die Evolution dem Hamster noch ein wenig Zeit lassen, dann wird sich seine Farbentarnung vielleicht Richtung Bullterrier (oder zumindest Rauhaardackel) verlagern. Oder der Wolf kehrt zurück, was angesichts des geringen Waldanteils aber eher unwahrscheinlich ist.

Auch ein anderes Tier hat unter der Intensivierung der Landwirtschaft zu leiden. Der **Feldhase**, das „Tier des Jahres 2015". Sein Bestand ist in den vergangenen Jahren dramatisch eingebrochen. Im Gegensatz zu Kaninchen graben Feldhasen keinen Bau. Sie sind echte Outdoor-Kerle. Von Geburt an. Die Jungen kommen mit Fell und sehend zur Welt. Und werden von den Eltern nicht betüddelt. Sie sitzen in der Sasse, einer flachen Erdmulde, und warten darauf, dass Muttern zweimal täglich vorbeikommt, um sie zu säugen. Den Rest des Tages sind sie allein. Das hört sich grausam an, nach elterlicher Vernachlässigung, macht aber Sinn.

Erwachsene Feldhasen können bis 80 km/h schnell laufen, 5 m weit und 2 m hoch springen.

STECKBRIEF FELDHASE

Wissenschaftlicher Name: Lepus europaeus
Größe: 70 cm
Gewicht: bis zu 7 kg
Ohren: max. 15 cm
Hinterbeine: bis zu 20 cm lang (sie sind langbeinige Schönheiten)
Alter: max. 10 Jahre
Spitzengeschwindigkeit: bis zu 80 km/h
Fährte: Feldhase

Hasen „hoppeln“ nicht, sie galoppieren. Kaum ein Gepard könnte mit ihnen mithalten, denn ihre Höchstgeschwindigkeit in Tateinheit mit schnellen Haken würde die Sprinterkatze weit überfordern.

Beim Fasan sind nur die Männchen beliebte Fotomotive. Denn nur sie sind auffällig gefärbt. Die Weibchen leben mit ihrem gelbbraunen Gefieder eher zurückgezogen und bescheiden. Und haben es auch nicht nötig, Randale zu veranstalten.

Für einen Räuber sind sie damit kaum zu fangen. Anders sieht es aber mit den Jungen aus. Sollten Raubtiere beobachten, wie eine Mutter ihre Jungen säugt, dann wäre die schnelle und wendige Mutter fein raus, der immobile Nachwuchs in der Sasse dem Räuber aber schutzlos ausgeliefert. Um das zu vermeiden, gibt's eben nur heimliche Besuche beim Nachwuchs.

Weil Hasen perfekt darin sind, Gegnern davonzulaufen, stehen sie im Ruf, feige zu sein. „Angsthase", „Hasenfuß", „das Hasenpanier ergreifen". Solche Bezeichnungen sind pures Mobbing. Hasen sind nicht ängstlicher als Pferde, Elefanten oder Löwen. Das stimmt wirklich! Ein Löwe zum Beispiel achtet peinlichst genau darauf, nicht verletzt zu werden. Im Streit mit einem starken Gegner könnte er sich ja Blessuren zuziehen, die ihn am nächsten Tag beim Jagen behindern. Deshalb lässt er sich darauf gar nicht erst ein und vergreift sich prinzipiell nur an schwächeren. Hasen sind da anders. Sie sind Raubeine. Das zeigt sich schon beim Liebesspiel. Während Raubkatzen sensibel werbend um die Liebste buhlen, lassen sich Feldhasen regelrecht verprügeln. Wenn man im Frühjahr auf einem Feld Hasen kämpfen sieht, dann ist das kein Hengstgebeiße um die Gunst eines Weibchens, sondern es sind Rangeleien zwischen Hase und Häsin. Das Boxen ist eines der seltsamsten Vorspiele der ganzen Tierwelt. Warum sie das tun, weiß keiner so genau. Anscheinend törnt es sie an.

Das Stichwort „Hengstgebeiße" ist übrigens ziemlich treffend. Denn einer der Hauptunterschiede zwischen Kaninchen und Feldhasen ist die Art der Fortbewegung. Kaninchen hoppeln und hüpfen, Feldhasen galoppieren. Was das angeht, ist Meister Lampe also eher mit Pferden verwandt als mit Karnickeln. Aber egal ob feige oder nicht, Feldhasen genießen eine große Beliebtheit in der Bevölkerung. Die Grundlagen dafür werden in frühester Kindheit gelegt – durch die Sage vom Osterhasen. Den hat die Welt dem Südwesten zu verdanken, denn hier wurde er erfunden. Im späten Mittelalter waren es Hasen aus der Pfalz, die als erste Eier versteckten. Heute ist er als „Easter-Bunny", „Lapin de Pâques", „Conejo de Pascua" oder „Пасхальный заяц" weltweit aktiv. Außer vielleicht auf Grönland. Hier gibt es weder Hasen noch Hühner. Weswegen die Kinder zu Ostern wahrscheinlich Robben ausblasen müssen. Aber das ist nur eine Vermutung. Stimmt wahrscheinlich nicht.

Der Clou am Feldhasen ist, dass er unglaublich wendig ist. Aus vollem Lauf kann er Haken schlagen und so einen hungrigen Fuchs ins Leere laufen lassen. Diese Fähigkeit ist genial, hat aber im wahrsten Sinne des Wortes einen Haken. Wer einen Haken schlagen möchte, muss starke Nerven haben. Denn ein Haken macht nur dann Sinn, wenn der Gegner im letzten Moment davon überrascht wird. Schlägt man den Haken zu früh, kann der Verfolger auch beidrehen und hat sogar noch

Die Bezeichnung „Jagdfasan“ hat er nicht verdient.

den kürzeren Weg. Das weiß der Hase, und schlägt nur dann einen Haken, wenn seine „Blume“ fast schon im Rachen des Fuchses steckt.

In der Regel ist aber die Flucht geradeaus die weitaus bessere Wahl. Das gilt zum Beispiel für **Fasane**, die bekannt dafür sind, nur höchst ungern zu fliegen. Und dann auch bestenfalls ein paar Meter weit. Und immer geradeaus. Dieses Verhalten sorgte dafür, dass Fasane leicht zu jagen waren. Man muss sie nur aufscheuchen, und kann seelenruhig zielen. Vielleicht ist das auch ein Grund, warum Römer und andere die Fasane aus Osteuropa importierten. Wohlgeschmack und Berechenbarkeit schmiedeten eine unheilige Allianz gegen die Tiere.

Aber so ungeeignet die Fluchttechnik gegen Menschen ist (egal ob mit Pfeil und Bogen oder Gewehr), so gut ist sie gegen natürliche Feinde. Kein Fuchs rechnet damit, dass die Beute kurz vor dem Zubeißen senkrecht in die Höhe startet. Alle anderen brauchen Anlauf, der Fasan nicht. Und zeigt, dass er Nerven wie Drahtseile hat – genau wie der Hase. Denn Haken und Starten retten nur im richtigen Moment Leben. Ein bisschen gemein ist, dass der Fasan im allgemeinen Sprachgebrauch oft als „Jagdfasan“ bezeichnet wird. Das gehört sich nicht. Wir sagen ja auch nicht „Fressforelle“, „Tellertruthahn“ oder „Backofenbiber“.

Adressen

www.nabu-rheinauen.de
Internetseite des Naturschutzzentrums Rheinauen des Naturschutzbundes Deutschland e.V.

So sah das Fernsehen unserer Vorfahren aus. Noch nicht 16:9, aber schon in Farbe und HD.

Rote Schurken und schwarze Helden

NATURPARK SOONWALD-NAHE

§187 des Strafgesetzbuches regelt eindeutig, dass Verleumdung verboten ist: „Wer wider besseres Wissen in Beziehung auf einen anderen eine unwahre Tatsache verbreitet, welche denselben … in der öffentlichen Meinung herabzuwürdigen geeignet ist …, wird mit Freiheitsstrafe … bis zu fünf Jahren oder mit Geldstrafe bestraft." Leider schützt unser Strafgesetz nur Menschen, keine Tiere. Sonst wären die Gefängnisse in Deutschland voll von Fuchsverleumdern – und die Gebrüder Grimm wären Knastbrüder gewesen.

Keinem Tier werden so viele Gemeinheiten nachgesagt: Der **Fuchs** ist niederträchtig, grausam, betrügerisch, hinterlistig, brutal, manipulierend, mitleidlos, böse, rachsüchtig, widerspenstig und völlig ohne Moral. Kurzum: Dieses Tier ist übel. Was nicht so schlimm wäre, wäre der Fuchs denn blöd. Aber das ist er nicht. Sein mieser Charakter und seine sprichwörtliche Intelligenz gehen im deutschen Wald eine unheilige Allianz ein. So gesehen wäre der Soonwald eine der unsichersten Gegenden Deutschlands. Das mag zu Zeiten des Schinderhannes auch so gewesen sein, stimmt aber heute nicht mehr. Trotz der vielen Füchse, denen es hier blendend geht. Nach der Bekämpfung der Tollwut, für die in den 70er-Jahren vor allem der Fuchs verantwortlich gemacht wurde, hat sich der Bestand wieder erholt. Was kein Wunder ist, denn Füchse sind anpassungsfähig und genügsam. Und rachsüchtig sind sie wohl eher nicht, denn sonst würden sie nach den Ausrottungsversuchen jedem Menschen an die Gurgel gehen – tun sie aber nicht.

Füchse sind diejenigen Raubtiere, die weltweit das größte Verbreitungsgebiet haben. Sie leben in Polargebieten, Savannen, Wäldern, Wüsten und den Tropen. Die Tatsache, dass die Tiere in all diesen Lebensräumen zurechtkommen, kann nicht allein durch ihre Findigkeit erklärt werden. Um an Extremstandorten zu überleben, braucht es nicht nur schlaue Einzelgänger, sondern eine funktionierende soziale Struktur. Genau die hat man den Füchsen aber bis etwa 1970 abgesprochen. Sie wären griesgrämige Einzelgänger, so der allgemeine Stand des Wissens. Und weil alle Naturkundler, Jäger und Märchenerzähler ins selbe Horn bliesen, wurde diese Erkenntnis auch nie

Goethe bezeichnet den Fuchs in seinem „Reineke Fuchs" als Schelm. Andere Autoren gingen mit dem „Gänseliebhaber" weitaus härter ins Gericht: Unhold, Verbrecher und Frevler waren beliebte Beschreibungen.

Zwei wirklich fiese Bergriffe der deutschen Sprache sind „Raubtier" und „Raubvogel". Als wären sie charakterlich darauf ausgerichtet, sich am Eigentum anderer zu vergreifen. Bei den Vögeln spricht man mittlerweile politisch korrekt vom „Greifvogel". Zeit, dass auch „Raubtier" und „Raubkatze" aus dem Sprachgebrauch verschwinden.

infrage gestellt. Dann nahmen sich Biologen in England die Zeit, gegen den Strom zu schwimmen und mal genauer hinzuschauen. Und hoppla! Die ganze Einzelgängernummer fiel in sich zusammen wie ein Kartenhaus. Fuchs und Füchsin treffen sich nicht nur zur Paarungszeit und kläffen sich den Rest des Jahres an. Sie leben mit ihren Kindern und Verwandten in netten, freundlich einander zugetanen Familienverbänden. Die Verwandtschaft hilft bei der Kinderbetreuung und kann sogar, wenn ein Fuchs stirbt, die Elternrolle übernehmen. Das ist zugegebenermaßen nicht bei allen Füchsen so. Einige Untersuchungen ergaben, dass es sehr wohl auch Einzelgänger gibt. Aber das ist ja das Schöne in funktionierenden sozialen Verbänden: Es gibt alternative Lebensformen. Genau wie beim Menschen auch. Und die Tatsache, dass mittlerweile mehr als 30 % der Deutschen als Single leben, ist auch kein Beweis für unsere unsoziale Lebensart.

Die beste Möglichkeit, Füchse zu beobachten, ergibt sich dann, wenn man einen Fuchsbau findet. Da der Fuchs seinen Bau ständig erweitert, sauber und ordentlich hält, findet man neben einem bewohnten Bau immer frischen Erdaushub. Andere Tiere sind da eher Schlampen vor dem Herrn – Füchse haben einen Putzfimmel. So findet man sie. Dann heißt es, in sicherem Abstand zu warten – et voilà, da isser! Wenn man die Beobachtung dann noch ab dem späten Frühjahr macht, dann hat man die Chance, die Eltern bei Spielen mit den Jungen zu beobachten. Und spätestens dann spürt man, dass Füchse nicht so schlecht sind wie ihr Ruf. Und wenn man daneben noch das Glück hat, sie beim Mäusejagen zu sehen zu kriegen, dann weiß man, dass bei den zahlreichen Charakterisierungen des Fuchses eine Eigenschaft fehlt: Füchse sind lustig! Sie lauern stundenlang regungslos am Mäuseloch. Um dann aus heiteren Himmel auf der Stelle zu hüpfen und dabei ihre Nase ins Loch zu rammen. Für die Maus kann das zwar tödlich sein. Der Anblick aber ist Spaß pur. Und so ganz nebenbei muss man auch erwähnen, dass Füchse nicht immer und überall als asoziale Kriminelle galten. Bis vor ziemlich genau 100 Jahren gab es Gegenden in Deutschland, in denen der Osterfuchs die Ostereier brachte. Mit der Indienst-

stellung der Osterhasen war der Fuchs dann die einzige Aufgabe los, die ihm Sympathien hätte einbringen können. Lediglich in Walt Disneys „Robin Hood“ war er als Titelheld noch ein Guter. Aber Walt Disney war sowieso gegen den Strich gebürstet. Im Dschungelbuch nehmen sich freundliche Wölfe des Findelkinds an. So was hätte es bei den Gebrüdern Grimm nicht gegeben. Vielleicht liegt Disneys Sympathie für die angeblichen Schurken des Tierreichs ja an seiner Abstammung begründet. Seine Großmutter mütterlicherseits stammte aus Miehlen in Rheinland-Pfalz. Und wenn sie ihm abends Märchen erzählt hat ...

Was es allerdings mit der Intelligenz der Füchse auf sich hat, das hat der Journalist Hans Kasper, der leider 1990 gestorben ist, treffend beschrieben: „Die Klugheit des Fuchses wird oft überschätzt, weil man ihm auch noch die Dummheit der Hühner als Verdienst anrechnet.“

Eine andere Tierart kommt längst nicht so gut zurecht wie der Fuchs. Das liegt nicht daran, dass sie dümmer oder netter ist. Es liegt daran, dass er die Wildnis liebt. Und weil die bei uns so selten geworden ist, haben's die **Schwarzstörche** bei uns so schwer. Die schwarzen Brüder der Weißstörche sind im Gegensatz zu ihren Verwandten ausge-

Die Nahe ist die Grenze zwischen Hunsrück und dem Nordpfälzer Bergland. Den Tieren ist es aber egal, auf welcher Seite der „Grenze“ sie leben. Sie unterscheiden nicht zwischen Hunsrück- und Pfalzfuchs.

Während Weißstörche als „Kulturfolger“ gelten, die in der Kulturlandschaft bestens zurechtkommen, sind Schwarzstörche Zivilisationsgegner. Ihr Lebensraum ist der Wald.

sprochene Kulturflüchter. Während sich die Weißen gerne auf Hausdächern niederlassen und gepflegte Kulturlandschaften durchaus zu schätzen wissen, brauchen die Schwarzen die echte Wildnis, das heißt den Wald. Im Soonwald haben sie im Vergleich zu vielen anderen Waldgebieten Deutschlands ideale Voraussetzungen. Es gibt ungestörten Wald, es gibt Feuchtwiesen und Bäche, Tümpel und Lichtungen. Kurz gesagt: Der Soonwald ist ein Stück Wildnis vor der Haustür.

Ein Schwarzstorch brütet auf Bäumen. Das ist bei einer Flügelspannweite von bis zu zwei Metern problematisch, muss der Vogel doch quer durchs Geäst fliegen, um sein Nest zu erreichen. Der Schwarzstorch kann das, denn er ist ein eleganter, wendiger und agiler Flieger – viel quirliger als sein weißes Gegenstück. Und auch die Ernährung sieht anders aus. Ein Weißstorch lebt größtenteils von Mäusen und anderen Tieren, die er auf Feldern und Wiesen findet. Ein Schwarzstorch ist da eher ein Angler, der an Bächen Fische und Amphibien jagt – was es halt so gibt im Wald. Gemeinsam haben die beiden Arten aber ihr Zugverhalten. Wenn bei uns der Winter kommt, dann machen sich beide auf den Weg Richtung Afrika. Aber

Beobachtet man die weiblichen Hirsche, das sogenannte „Kahlwild“, dann hat man oft den Eindruck, dass die Weibchen die Eskapaden der Männchen mit großer Gelassenheit ertragen. Lass' sie sich doch austoben! …

auch hier bleiben die Unterschiede sichtbar. Während sich Weißstörche auf dem Zug zu riesigen Reisegruppen zusammenschließen, sind Schwarzstörche eher Individualtouristen. Für ein paar Tage kann man Reisegefährten ertragen, zur Regel wird das aber nicht.

Wer Schwarzstörche beobachten will, sollte extrem umsichtig agieren. Im Extremfall reicht schon Lärm in 1 km Entfernung vom Horst, um den Storch zu vertreiben. Hat man Glück, dann kommt er nach ein paar Wochen wieder. Hat man Pech, dann verschwindet er auf Nimmerwiedersehen. Und man hat der Natur aus Neugier einen Bärendienst erwiesen. Genau das ist aber leider oft passiert, weswegen die Schwarzstörche aus vielen Wäldern Deutschlands verschwunden sind. Und selbst die steigenden Zahlen in Rheinland-Pfalz sind kein Garant für ein Wohlergehen der Art. Für so viel Optimismus sind die Bestände noch viel zu gering. Zum Vergleich: Weißstörche gibt's eine halbe Million auf der Welt; Schwarzstörche nur etwa 10 000 (und selbst das ist optimistisch geschätzt).

Die Verwandtschaftsverhältnisse bei Störchen sind übrigens durch neuere Forschungen um überraschende Erkenntnisse erweitert worden. Der Kondor und seine amerikanischen Verwandten gelten nun nicht mehr als Greifvögel, sondern werden als „Neuweltgeier“ den Störchen zugeordnet. Wenn Sie also demnächst in der Fußgängerzone das unvermeidliche „El Condor pasa“-Panflöten-Gedudel hören, dann denken Sie daran, dass es irgendwie eine Hymne auf den Schwarzstorch ist – und der hat Werbung nötig.

Knapp die Hälfte des Naturparks besteht aus Wald. Und der ist ein idealer Lebensraum für ein Tier, das vor der Erfindung von Harry Potter der Held aller Kinder war – Bambi. 1942 verfilmte Walt Disney (der mit der rheinland-pfälzischen Großmutter) die Geschichte, die sich der österreichische Schriftsteller Felix Salten im Jahr 1923 ausgedacht hatte. Die Geschichte ist bekannt – zumindest bei allen über 50. Bambi wächst im Wald auf, wird größer – und nach verschiedenen Schicksalsschlägen und mannigfaltigen Gefahren schließlich ein stattlicher, riesiger **Rothirsch**. Die Geschichte ist rührend, aber aus biologischer Sicht leider grundfalsch. Aus einem **Reh** wird kein Rothirsch. Niemals! Ein Reh ist ein Reh und bleibt ein Reh. Mit den stattlichen Rothirschen sind sie zwar entfernt verwandt, sind aber eine andere Art. Während Rothirsche mit über 100 kg Gewicht echte Wuchtbrummen sind, bleiben Rehe mit nur knapp 30 kg filigrane Waldbewohner. Die Deutsche Wildtierstiftung hat es mal so ausgedrückt: „Das Reh ist nicht die Frau vom Hirsch.“ Der Südwest-

STECKBRIEF SCHWARZSTORCH

Wissenschaftlicher Name: Ciconia nigra (vom lateinischen „nigra“, schwarz)
Größe: ca. 60 cm
Spannweite: bis zu 2 m
Gewicht: um die 3 kg
Besonderheit: Kann im schnellen Flug die Flügel „einklappen“ und damit seine Spannweite halbieren. Das macht er zum Beispiel, wenn er im engen Wald fliegen muss.

Die Randbereiche der Wälder sind idealer Lebensraum für Rehe. Deckung gibt's zwischen den Bäumen, Futter auf den Wiesen und Feldern.

funk SWF hat übrigens 1950 ein Hörspiel produziert, in dem Bambi vom jungen Frank Elstner gesprochen wurde – Bambi kann also gar keine Frau sein!

Kleine Rehe sind ziemlich anpassungsfähig. Und der Beweis dafür, dass mangelnde Größe nicht immer ein Nachteil ist. Sowohl Rothirsch als auch Reh waren ursprünglich tagaktive Steppenbewohner – sie lebten eigentlich in offenen Landschaften. Durch Störungen und Jagd haben sie sich an das Leben im gut geschützten Wald gewöhnt. Während die großen, auffälligen Rothirsche zu 99 % im Wald leben, haben die kleinen Rehe auch die Agrarlandschaft wieder entdeckt. Schon 50 cm hohes Gras oder Getreide reicht als Deckung völlig aus. Und die Rehe nutzen diesen Vorteil. Allerdings mit oft fatalen Folgen. Man geht davon aus, dass es jedes Jahr fast eine Viertelmillion Verkehrsunfälle mit Rehen gibt. Daneben gibt es Verluste durch die Landwirtschaft. Bringen die Rehe ihre Jungtiere in Getreidefeldern zur Welt, dann besteht die Gefahr, ins Schneidwerk der Mähdrescher zu gelangen. In den vergangenen Jahren soll diese Gefahr aber abgenommen haben, da meistens schon gemäht wird, bevor die Tiere ihre Jungen bekommen. Oder es wird schon mal „angemäht", als Warnung an die Tiere, dass es morgen richtig losgeht.

Für Jäger sind Rehe heute eine beliebte Beute. Das war früher anders. Im Gegensatz zum imposanten Rothirsch waren die kleinen Bambis für Adel und Großwildjäger zu popelig. Einen Hinweis darauf gibt die Geschichte eines Jägers aus dem Soonwald, der in die Literatur eingegangen ist. Adam Melsheimer war vor über 250 Jahren Förster im Soonwald. Angeblich war Melsheimer die Vorlage für den „Jäger aus Kurpfalz". Ein anderer Kandidat für diesen Titel ist Friedrich Wilhelm Utsch. Der hatte allerdings den gleichen Job wie Melsheimer – im gleichen Wald. Letztlich ist es also egal, wer es war – Hauptsache Soonwald. Auf ihren „Abschusslisten" finden sich weit mehr Rothirsche als Rehe, obwohl es schon damals mehr Rehe gab. Ehre konnte man damit aber nicht einlegen, weil ein Rothirschgeweih an der Wand einfach mehr hermacht als die kleinen Geweihstangen vom Rehbock. Hätten Melsheimer und Utsch aber die Bilder gesehen, die ein SWR-Filmer vor ein paar Jahren gemacht hat, hätten sie das vermutlich anders gesehen. Der Kollege hatte ein echtes Einhorn gefilmt. Solche Mutationen sind sehr selten und haben in den vergangenen Jahren in Italien und Slowenien für einiges Aufsehen gesorgt. Die Presse war voll von Sensationsberichten, die Jäger beliebte Interviewpartner im internationalen Fernsehen, was den Jägern selbst übrigens einigen Spott eintrug. Denn schließlich weiß man seit dem Mittelalter, dass Einhörner ausschließlich von Jungfrauen gefangen werden können.

Adressen

www.soonwald-nahe.de
Interntauftritt des Naturparks Soonwald-Nahe mit allen Informationen zum Naturpark und der Natur, die drin steckt.

www.wald-rlp.de/wald erlebniszentrum-soonwald
Internetseite des Walderlebniszentrums mit Angeboten für Schulklassen und Gruppen.

www.schlosswartentein.de
Internetseite der „Erlebniswelt Wald und Natur" in 55606 Kallenfels.

Holzhacker und Hebammen

NATURPARK SAAR-HUNSRÜCK

„Feinere Sitten … darf man von ihnen freilich nicht erwarten. Ihre Gewohnheiten sind die der Waldbewohner, der Köhler, Holzhauer und ähnlicher Leute, welche nicht salonfähig erklärt werden können; aber das ganze Wesen und Gebaren spricht wenigstens den vorurtheilsfreien Pfleger aufs höchste an." So beschrieb Alfred Brehm 1882 die Familie der **Spechte**. Die Beschreibung der menschlichen Waldarbeiter mutet aus heutiger Sicht etwas seltsam an. Aber seine Worte richteten sich an das eher naturferne Bildungsbürgertum. Und das hatte in den seltensten Fällen jemals einen Köhler oder Holzfäller mit eigenen Augen gesehen. Und für diese Zielgruppe war der röhrende Hirsch im unberührten Eichenwald der Inbegriff der Natur.

Menschen, die im wirklichen Wald lebten und arbeiteten, galten als eher unsauber, ungebildet und grobklotzig. Aber das städtische Bildungsbürgertum gestand ihnen – nach längerem Nachdenken – wenigstens eine gewisse Nützlichkeit zu. Irgendwer musste schließlich Holz und Kohle aus dem Wald holen. Bei den Spechten sah das anders aus. Sie galten wegen ihrer ewigen Holzhackerei als Baumschädlinge, die Löcher in ansonsten tadelloses Möbelholz bohrten. Insofern verfolgte Brehm mit seiner Beschreibung das hehre Ziel, den Ruf einer Vogelart zu retten, die bis dahin nur wenige Sympathisanten hatte.

Für Spechte sind alte Bäume überlebenswichtig. Dabei haben sie es nicht so mit Nadelholz. Kann man auch verstehen, denn auch wir machen einen weiten Bogen um das harzige Zeug. Und wenn wir schon nicht gerne klebrige Hände bekommen, wie viel mehr Wert legt ein Specht auf einen nicht klebrigen Schnabel.

Spechte hacken Löcher ins Holz, um sich Wohnhöhlen zu schaffen. Und sie hacken Löcher in die Rinde, um an Larven und anderes Futter zu kommen, das unter der Borke lebt. Je älter ein Baum ist, desto weichere Stellen gibt es, an denen der Specht ansetzen kann. Und desto mehr tierische Untermieter hat der Baum. Der Traum eines jeden Spechts ist ein richtig morscher Baum. Der bietet Futter und leicht zu zimmernden Wohnraum en masse.

Der Klassiker unter den Spechten ist der Buntspecht, dem es bei uns blendend geht. Er ist Generalist, kulinarisch vielseitig interessiert und hat wenig Angst vor menschlicher Nähe. Und er ist ein Genie. Um den Nussknacker zu erfinden, brauchte es bei uns eine Koryphäe wie Aristoteles. Was für uns Menschen ein epochaler technologischer Fortschritt war, ist für junge Spechte ein ganz normaler Teil der Erziehung. Von ihren Eltern lernen sie, Zapfen so in eine Astgabel einzuklemmen, dass sie die Samen raushacken können. Aber der Erfindungsreichtum geht noch weiter. In den so genannten Spechtschmieden können sie auch hartschalige Käfer knacken. Und auf die Idee sind wir noch nicht gekommen.

Im Gegensatz zum Buntspecht legt der Grünspecht keinen allzu großen Wert auf eine vielseitige Ernährung. Er ernährt sich fast ausschließlich von Ameisen. Seine Beute verfolgt er laufend am Boden und betätigt sich dabei sogar als Maulwurf, wenn er unterirdische Gänge anbohren will, um an Leckereien zu kommen. Im Winter wühlt er sich

Spechte sind bei vielen anderen Tieren beliebt – als Baumeister. Spechthöhlen werden von etlichen Untermietern genutzt, die selber keine talentierten Holzhacker sind.

Auch schon flugtaugliche Junggrünspechte halten noch Kontakt zu den Eltern. Bis sie selbst begnadete Jäger geworden sind.

sogar unter den Schnee, um Ameisen zu erbeuten, die sich vor der Kälte in Sicherheit gebracht haben. Der Grünspecht ist ein Spezialist, der es in seinem Metier – der Ameisenjagd – zu großer Virtuosität gebracht hat. Die Spanier haben das im Gegensatz zu Alfred Brehm erkannt und nannten den Vogel „el pito real", den „königlichen Specht". Das hatte vielleicht damit zu tun, dass man im katholischen Spanien ein anderes Verhältnis zum „Luxus des Müßiggangs" hatte als im protestantischen Brehm-Land. Wer auf Bäume klettern könnte, es aber nicht tut, wer auch Obst und Samen essen könnte, es aber nicht tut, so einer galt in Deutschland eher als faul, in Spanien aber als Vertreter der Bohème, die es sich leisten kann, anders zu leben. Und nebenbei: Die Jagd ist seit jeher die edlere Art des Nahrungserwerbs als das Holzhackerhandwerk, dem die Spechtverwandtschaft üblicherweise nachgeht. Insofern waren sich Brehm und die Spanier dann doch einig.

Eine andere Spechtart hat sich in den Augen der Spanier nicht den Beinamen „real" verdient. Obwohl die genauso von Ameisen lebt wie der Grünspecht. Diese andere Art wurde einfach nur „Der Ameisler" genannt: „Hormiguero". Dabei handelt es um das schwarze Schaf der Spechtfamilie: den **Wendehals**.

Der ist zwar, was seinen inneren Aufbau angeht, ein Specht, aber: Er hackt keine Löcher ins Holz und er klettert nicht auf Bäume (oder nur sehr ungern). Genau wie der Grünspecht bevorzugt er Ameisen, betreibt deren Jagd aber eher oberflächlich. Mit seinem kurzen Schnabel knabbert er die Beute am Boden. Gewühlt oder gehackt wird selten. Das macht es ihm auch unmöglich, im Winter bei uns genügend Nahrung zu finden. Vielleicht ist er deswegen der einzige ausgewiesene Langstreckenzieher unter den Spechten. Wenn's kalt wird und die Ameisen vom Waldboden verschwinden, macht sich der Wendehals vom Acker. Sein Name ist bei uns leider mit negativen Eigenschaften behaftet. Ein Wendehals richtet sein Fähnchen immer nach dem Wind, hat kein Rückgrat, passt sich geschmeidig jeder Situation an und hat keinerlei Ideale, für die er auch nur ansatzweise eintreten würde. Diese Ansicht ist ziemlich schlimm, denn der real existierende Vogel ist ganz anders. Mit der Flucht aus einer für ihn nicht lebenswerten Umwelt im Winter ist er eher ein „Republikflüchtling", riskiert also ziemlich viel beim Zug in die unbekannte Ferne. Bedroht man ihn oder seinen Nachwuchs, dann zischt er wie eine Schlange und wehrt sich, besitzt also eine

Menge Rückgrat. Und das hektische Wenden des Halses können wir genauso gut bei uns Menschen beobachten, wenn wir mit verwirrenden Situationen konfrontiert werden. Dass der Name als Synonym für rückgratlose Kriegsgewinnler genommen wird, ist nicht die Schuld des Vogels, sondern unsere. Hätte wir keine DDR und damit keine „Wende" gehabt, gäbe es auch den sprachlichen Rufmord nicht. In Frankreich zum Beispiel heißt der Vogel einfach „Ameisenspecht" – und das ist auf Französisch kein Schimpfwort. Wie übrigens „Schluckspecht" auch nicht existiert. Der heißt einfach „pilier de comptoir" – „Leistungsträger am Tresen". Das ist zwar weniger blumig, aber biologisch gesehen politisch korrekter.

Bei einer anderen Tierart übernahmen die Franzosen hingegen die deutschsprachige Bezeichnung: **Geburtshelferkröte**. Das taten sie, weil es diesmal eine wirklich zutreffende Beschreibung ist. Die wörtliche Übersetzung des wissenschaftlichen Namens „Alytes obstetricans" heißt allerdings „Hebamme in Ketten". Das könnte jetzt genauso gut der Titel eines schmierigen Lederhosen-Filmchens aus den 70er-Jahren sein, trifft den Kern der Sache aber genau. Das Männchen der Geburtshelferkröte wickelt bzw. klebt sich die Laichschnüre des Weibchens nämlich um die Hinterbeine und ist ab dann für 3 bis 4 Wochen alleinerziehender Vater von mehreren Dutzend Kindern. Das Weibchen macht sich nämlich sofort nach der Paarung vom Acker. Man könnte also durchaus sagen, dass die Geburtshelferkröten damit ein Gegenmodell zu uns Menschen sind (wo es ja oft genug andersrum läuft). Der Spaß am Nachwuchs geht bei den Männchen so weit, dass sie sich durchaus mit mehreren Weibchen

Wendehälse leben natürlich nicht von Ameisen allein. Die Ernährung ist weitaus vielseitiger. Aber Ameisen scheinen das Leibgericht zu sein.

So sehen aufopferungsvolle Eltern aus.

Gefangen in den „unsichtbaren Ketten der Elternliebe": Die Geburtshelferkröte.

Der Ringwall von Otzenhausen ist ein 2,5 km langes und bis zu 10 m hohes Paradies für Mauereidechse & Co. – und die Seen im Naturpark sind ein Paradies für Besucher.

nacheinander paaren. Auch deren Nachwuchs wird dann zusammen mit den Halbgeschwistern durch die ersten Lebenswochen getragen.

Im Gegensatz zu anderen Kröten- und Froscharten ist die Geburtshelferkröte sehr schwer zu beobachten. Sie paart sich gut versteckt und fast unsichtbar an Land und kommt erst ans Wasser, wenn der Nachwuchs in den Laichschnüren zu zappeln anfängt. Deshalb werden die Tiere von Biologen nicht gezählt, sondern „verhört". Das hat nix mit Kriminalistik zu tun. Die Biologen setzen sich hin und versuchen zu horchen, wie viele Tiere sich um sie herum befinden. Das findet zwischen April und Juli statt – in der Zeit, in der sich die Männchen am lautesten nach Nachwuchs sehnen.

Die ursprünglichen Lebensräume der Geburtshelferkröte sind in den vergangenen Jahrzehnten immer seltener geworden, weswegen heute sogenannte „Sekundärlebensräume" immer wichtiger werden. Dazu gehören u. a. Steinbrüche, in denen es neben Tümpeln reichlich sonnige und steinige Fläche gibt. Beides muss nah beieinander liegen, denn die „Hebamme in Ketten" ist nicht gut zu Fuß. Da kommt es ihr sehr gelegen, dass in den vergangenen Jahren eine andere Tierart ihre Bautätigkeit bei uns wieder verstärkt aufgenommen hat: der **Biber**. Der schafft nämlich mitten im schattigen Wald, der für die Kröten erstmal ungeeignet ist, sonnige Lichtungen und Wasserflächen. Aber offensichtlich gibt es noch nicht genügend Biber. Der Bestand der Geburtshelferkröte ist in den vergangenen knapp 30 Jahren um ca. 30 % zurückgegangen. Und die Zukunftsaussichten sehen düster aus. Im letzten Naturschutzbericht werden sie als „unzureichend" beschrieben. Optimismus liest sich anders.

Die Bandbreite der Natur im Naturpark Saar-Hunsrück ist gigantisch. Zwischen sonnigen Wein-

Biber sehen zwar eher schlecht. Dafür ist ihr Gehör aber phänomenal.

In einigen Gegenden Deutschlands gehören Besuche von Forststudenten an Biberteichen im Wald zum Lehrplan. Hier lernen sie, wie vorbildliche Waldwirtschaft auszusehen hat.

Bei der Paarung bilden Libellen das sogenannte „Paarungs-Rad“. Das Männchen (rechts) greift das Weibchen hinter den Kopf, das Weibchen biegt den Hinterleib nach vorne.

Die Facettenaugen der Libellen bestehen aus bis zu 30 000 Einzelaugen.

Vor knapp 300 Millionen Jahren gab es Libellen, die eine Spannweite von bis zu 75 cm hatten.

hängen an der Mosel, Saar, Ruwer und Nahe, den engen Bachtälern, den Mooren, den Felsformationen und alten und jungen Wäldern finden Tausende Tier- und Pflanzenarten eine schöne Heimat – nicht nur Specht und Kröte.

Überall da, wo es die Kombination aus sauberen Bächen und Sonne gibt, leben **Libellen**. Sonne brauchen die erwachsenen Tiere, um auf Betriebstemperatur zu kommen. Haben sie die erreicht, sind sie als Flieger unschlagbar. Sie werden bis zu 50 km/h schnell, können auf der Stelle stoppen, Haken schlagen und sogar rückwärts fliegen. Dadurch sind sie in der Lage, jedes Tier zu erbeuten, das klein genug ist, gefressen zu werden. Allerdings sind sie ziemlich berechenbar. Wer Libellen filmen oder fotografieren will, muss ihnen nur ein paar Minuten zuschauen. Sie fliegen immer die gleichen Strecken ab – wie ein Wachmann, der festgelegte Routen abgehen muss. Dieses Verhalten wäre eher kontraproduktiv, wenn sie Beute jagen würden, die auch nur ansatzweise über ein gutes Gedächtnis verfügte. Glücklicherweise ist das Gegenteil der Fall. Bei einigen Fliegen und Mücken hat man zum Beispiel herausgefunden, dass sie in weniger als 1 Sekunde alles vergessen haben, was gerade eben passiert ist. Nach nur 2 Sekunden kann die Libelle also neu ansetzen – und vielleicht satt werden. So vor knapp 300 Millionen Jahren – als sich bei uns die Kohle bildete – gab es Riesenlibellen, die über einen halben Meter groß werden konnten. Es ist nur eine gewagte Theorie, aber: Vielleicht sind sie ja ausgestorben, weil größere Beutetiere über ein besseres Gedächtnis verfügen.

So effektiv sie als Jäger in der Luft sind, so erfolgreich sind sie auch schon im Kindesalter. Die Larven der Libelle sind die eigentlichen Könige der Fließgewässer im Naturpark. Sie sehen ein bisschen aus wie Heuschrecken unter Wasser. Mit riesiger Unterlippe, die nicht selten halb so groß ist wie das ganze Tier. Hätten wir so eine Unterlippe, dann würde bis fast zu den Knien hängen. Diese sogenannte Fangmaske wird unter den Körper geklappt und schießt blitzschnell nach vorne, wenn es was zu fressen gibt. Dieser gigantische Schmollmund wird sogar großen Kaulquappen zum Verhängnis. Bis zu 5 Jahre leben die Larven im Wasser, ehe sie dann schließlich für nur ein paar Wochen ihre Flugkünste zeigen.

Für Tiere, die kleiner als 5 cm sind, ist die Libelle ein Monster (auch, wenn später die Unterlippe kleiner wird). Umso verwunderlicher ist, dass sie von uns Menschen so bewundert wird. Wir fallen halt auf die äußeren Reize rein – durch das Farbenspiel und die Flugkünste lassen wir uns täuschen. Zumindest die meisten von uns. Heinrich Heine war da schlauer; er bezeichnet die Libelle in seinem gleichnamigen Gedicht als „falsche Kanaille“, die arme Käfer ins Verderben lockt. Und er schreibt:

> „Und auch in Deutschland, liebes Kind,
> gibt es Libellen und sie sind,
> gar sehr perfide und satanisch.“

So weit wollen und können wir nicht gehen. Aber man kann und darf auch die Einzelschicksale von Käfern, Mücken und Fliegen nicht vergessen, die unter den viel bewunderten Hunsrück-Libellen zu leiden haben.

Adressen

Naturpark Informationszentrum
Trierer Straße 51
54411 Hermeskeil

Naturpark Informationszentrum Weiskirchen
Zum Wildpark
66709 Weiskirchen
Mit Wild- und Wanderpark.

www.naturpark.org
Internetseite des Naturparks Saar-Hunsrück.

Wilde Bestien

NATIONALPARK HUNSRÜCK-HOCHWALD

In der nordöstlichen Ecke des Naturparks Saar-Hunsrück war es Pfingsten 2015 endlich soweit: Rheinland-Pfalz und das Saarland bekamen ihren ersten Nationalpark. Da stellen sich gleich zwei Fragen. Erstens: Warum wurde er erst jetzt gegründet? Die Idee ist schließlich nicht ganz neu. Schon 1872 gab es den ersten Nationalpark in den USA. Auf den Yosemite-Nationalpark folgten dann 1909 der Nationalpark Sarek in Schweden, 1914 der Schweizerische Nationalpark in Graubünden, 1935 der Kameia in Angola, 1932 der Campo Ma'an in Kamerun, 1925 der Virunga im Kongo. Wir Deutschen waren in Sachen Nationalpark ein echtes Entwicklungsland. Und konnten uns erst 1970 dazu entschließen, im Bayerischen Wald den ersten Nationalpark einzurichten. Und selbst nach diesem Durchbruch dauerte es noch schlappe 45 Jahre, bis wir im Südwesten den guten Beispielen folgten. Wahrscheinlich lag es ja einfach daran, dass „die wahre Natur" in unseren Köpfen immer anderswo stattfand. In der Serengeti zum Beispiel. Da, wo sich Löwe und Hyäne gute Nacht sagen, und nicht nur Fuchs und Hase. Mit den Jahren haben wir dann mal nachgezählt. Und festgestellt, dass wir im Südwesten mit 48 000 Tierarten durchaus mit Yosemite, Serengeti und Co. auf Augenhöhe sind.

Um die zweite Frage zu beantworten, die nach dem „Warum eigentlich jetzt im Hunsrück-Hochwald?", müssen wir ein bisschen weiter ausholen.

Wenn in den Medien von demografischen Entwicklungen die Rede ist, dann schrillen regelmäßig die Alarmglocken. Die Bevölkerung überaltert! Es werden zu wenige Kinder geboren! Wir werden immer älter! Oder, wie ein deutsches Boulevardblatt schrieb „Deutschland bald voller Greise!!!" Die Aufregung geht so weit, dass man die klassische Alterspyramide sogar unbenannt hat. Weil die demografische Pyramide nicht mehr unten breit und oben spitz ist, sondern eine eher bauchige Form angenommen hat, sprechen die Fachleute heute von einer „Urnenpyramide", wohl ohne sich der diesem Begriff innewohnenden Komik bewusst zu sein.

Erbeskopf – Kulturlandschaft meets Wildnis.

Im Gegensatz zur Hauskatze ein echter Europäer – die Wildkatze. Und ihr Lieblingsessen.

Adressen

Wildkatzenzentrum Wildenburg
Wildenburger Straße 22
55758 Kempfeld
www.wildfreigehege-wildenburg.de
Wildfreigehege und Auffangstation für Westentaschentiger.

Hunsrückhaus
Am Erbeskopf
54411 Deuselbach
www.hunsrueckhaus.de
Natur- und Umweltbildungszentrum auf dem Dach der Welt (zumindest des Hunsrücks) mit Tour- und Entdeckerangeboten, Ausstellung und Erlebnisgelände.

Seltsamerweise scheinen sich alle darin einig zu sein, dass es schlecht sei, wenn die Menschen immer älter werden. Eigentlich sollte man ja vom Gegenteil ausgehen und es als gesundheitlichen und gesellschaftlichen Fortschritt ansehen, wenn später in die Kiste geklettert wird. Aber der Volkswirtschaftler an sich sieht das vielleicht anders – bis er selbst ein kritisches Alter erreicht hat.

Der Naturschutz sieht die ganze Chose völlig anders. Zumindest dann, wenn es um den Wald geht. Je mehr Altholz in einem Wald steht, desto gesünder ist der Wald. Deshalb gilt die „Urnenpyramide“, wenn's um Bäume geht, als äußerst erstrebenswerter Zustand. Solche Wälder sind nämlich, was den Artenreichtum angeht, unschlagbar. Alte Waldbestände bieten vielen Tier- und Pflanzenarten einen idealen Lebensraum. Zusammen mit den Mooren, Bächen und Lichtungen im Wald kann man sagen: Im Hunsrück-Hochwald tobt das Leben. Und genau das ist die Entdeckung, die schlussendlich zur Gründung des Nationalparks führte. Vielleicht hätte es schon früher geklappt, wenn Bernhard Grzimek für „Hunsrück darf nicht sterben“ einen Oscar bekommen hätte. Hat er aber nicht und deshalb wurde die Serengeti dann doch früher Nationalpark als der Hochwald.

Eine der faszinierendsten Tierarten im Nationalpark ist die Wildkatze. Knapp die Hälfte aller deutschen **Wildkatzen** lebt in Rheinland-Pfalz; ein Großteil davon im Hunsrück. Das liegt vor allem daran, dass Rheinland-Pfalz, rein auf den Flächenanteil bezogen, das waldreichste Bundesland Deutschlands ist. Und genau das braucht die echte Wildkatze, um glücklich zu sein; deshalb auch ihr lateinischer Name: Felis silvestris silvestris – Waldwaldkatze.

Wildkatzen sind – im Gegensatz zu den Hauskatzen – echte Europäer. Die häuslichen, gezähmten Verwandten kamen erst mit den Römern in den Südwesten. Als Mäusejäger wurden sie schnell beliebter als die bis dahin bei uns üblichen Hermeline; die wurden auf Bauernhöfen arbeitslos. Wahrscheinlich waren die Hauskatzen einfach besser domestiziert oder besser zivilisiert – und damit berechenbarer als die wilden Wiesel. Die europäischen Wildkatzen gelten als unzähmbar.

Man hat es oft versucht, auch mit Handaufzuchten. Das Ergebnis war immer enttäuschend, und bei der ersten Gelegenheit machten sich die Tiere aus dem Staub. Das unterscheidet sie selbst von Löwen und Tigern. Die können sehr wohl gezähmt werden. Auch, wenn es immer mal wieder Berichte gibt, dass sich Tiger wie bei Siegried & Roy gegen ihre Herrchen wenden. Wildkatzen sind immer so – jederzeit!

Wildkatzen sind echte Kaventsmänner. Sie werden, inklusive Schwanz, bis zu einem Meter lang und fast 7 kg schwer. Im Wald genießen sie bei ihren tierischen Nachbarn großen Respekt. Vor ein paar Jahren machte eine Überwachungskamera Aufnahmen einer Wildkatze, die ihre Beute gegen einen Fuchs verteidigen musste. Der Fuchs hat bei der Begegnung den Kürzeren gezogen. Und wird sich wahrscheinlich nie mehr mit einer Wildkatze anlegen. Muss er eigentlich auch nicht, denn der Hunsrück-Hochwald bietet beiden Tieren genügend Nahrung. Beide bevorzugen zum Beispiel die Rötelmaus. Die gilt als eines der häufigsten Säugetiere der Welt. Und auch von ihr gibt's im Hochwald besonders viele. Sie gilt als Forstschädling, weil sie bei massenhaftem Auftreten Schäden an alten Bäumen anrichtet. Sie nagt die Rinde der Bäume an und ernährt sich gerne von nachwachsenden Keimlingen. Beide – Fuchs und Katze – sind mithin Verbündete der Förster und Waldbesitzer.

Das sah man leider nicht immer so. Wildkatzen galten als gefährliche Raubtiere. So schrieb etwa Alfred Brehm: „... da sitzt ihm die Katze im Nacken, reißt ihm mit ihren Tatzen im Nu die dicke Pelzmütze vom Kopfe und haut sich fest in seinen Kopf ein, mit den Zähnen das Halstuch zerreißend. Dem Überraschten entfällt das Gewehr; er vergißt fast, sich zu vertheidigen und sucht bloß Hals und Gesicht vor den wüthenden Bissen zu schützen. Dabei schreit er, laut um Hülfe rufend, seinem im Walde befindlichen Sohne zu. Die Katze zerfleischt ihm die Hände, zerbeißt ihm das Gesicht, zerreißt das Tuch; ängstlicher wird sein Hülferufen, größer seine Angst. Da empfängt er einen grimmigen Biß in den Hals und stürzt nieder. So findet ihn sein Sohn, die Katze noch auf ihm, die Nackenmuskeln ihm zerreißend ..."

Auch im Standardwerk „Die Thierleben der Alpenwelt" steht zu lesen: „Nimm' Dich wohl in Acht, Schütze – und faß die Bestie genau aufs Korn. Ist sie bloß angeschossen, so fährt sie schnaubend und schäumend auf, mit hochgekrümmtem Rücken und aufgestelltem Schwanz, naht sie zischend dem Jäger, setzt sich wüthend zur Wehr und springt auf den Menschen los; ihre spitzen Krallen haut sie fest in das Fleisch, besonders in die Brust, dass man sie fast nicht losreißen kann ..."

Neben diesen hanebüchenen Übertreibungen der Tierexperten wurde den Katzen aber auch ihre charismatische, geheimnisvolle Ausstrahlung zum Verhängnis. Als zum Ausgang des Mittelalters der Aberglaube seine Blüten trieb, gerieten auch Katzen ins Visier der Hexenverfolger. Schließlich wusste jedes Kind, dass sich der Teufel am liebsten als Ziegenbock oder schwarze Katze zeigte. Damit gerieten vor allem die Hauskatzen in die Schusslinie. Und, sozusagen als Kollateralschaden, auch die Wildkatze. Die ist zwar nie schwarz, sondern immer, immer getigert, lebte aber versteckt im Wald, war nachtaktiv und machte sich so verdächtig. Das Ergebnis war ein fanatischer Ausrottungsfeldzug, der erst in den 1930er-Jahren endete. So lange hielt sich der Glaube, dass man sich, solange es Wildkatzen gab, nicht sicher im Wald bewegen konnte. Dazu kam, dass man Bär, Wolf und Luchs schon ausgerottet hatte. Und wenn man keinen Gegner mehr hat, dann sucht man sich halt einen neuen.

Aktive Unterstützung hat die Wildkatze vor allem in den vergangenen 20 Jahren erfahren. Ausgehend von den wenigen Beständigen in den letzten naturnahen Wäldern wurden viele Projekte zum Schutz der Tiere gestartet. Unter anderem in Rheinland-Pfalz, wo die Einrichtung des Nationalparks ein wichtiger Baustein dieser Schutzbemühungen ist.

STECKBRIEF WILDKATZE

Wissenschaftlicher Name: Felis silvestris („Waldkatze")
Gewicht: meist 4 bis 5, manchmal bis zu 7 kg
Größe: bis 40 cm Schulterhöhe
Nachwuchs: zwischen April und September (meistens im Frühjahr)
Alter: 5 bis 10 Jahre
Erkennungszeichen: dunkle Ringe am Schwanz
Besonderheit: Lebt in Sachen Gewicht nach dem „Jojo-Effekt". In harten Wintern kann sie ein Drittel ihres Gewichts verlieren, das sie dann ab dem Frühjahr wieder zunimmt.

Wildkatzen können – wenn sie wollen – wirklich grimmig gucken. Nackenmuskeln zerreißen sie bei Menschen aber eher selten.

Von Langschläfern und komischen Käuzen

BIOSPHÄRENRESERVAT BLIESGAU

Es gibt eine Handvoll Tiere, die bei uns Menschen als stinkfaul gelten. Allen voran natürlich das sprichwörtliche Dreifingerfaultier. Das bewegt sich so langsam, dass uns einfach die Geduld fehlt, es länger zu beobachten und überhaupt zu merken, dass es aktiv ist. Oder die gemeine Hauskatze, die in der Regel 22 Stunden eines jeden Tages auf der Heizung liegt und pennt. Bei beiden ist der Vorwurf der Faulheit nicht ganz von der Hand zu weisen. Bei einem anderen Tier, dessen Name allein schon Anklage ist, liegen wir aber völlig falsch. Die Rede ist vom **Siebenschläfer**.

Richtig ist, dass die kleinen Nagetiere aus der Familie der Bilche 7 Monate des Jahres verschlafen. Um die Wahrheit zu sagen: Es sind sogar eher 8 Monate. Aber bedeutet dieses tiefe Schlafbedürfnis tatsächlich, dass die Tiere faul sind? Natürlich nicht! Rechnen wir mal nach, und vergleichen die Ergebnisse mit einem durchschnittlich fleißigen Menschen. Wir schlafen im Schnitt 8 Stunden pro Tag; also hochgerechnet ein Drittel unserer Lebenszeit. Den Rest der Zeit verbringen wir zu einem weiteren Drittel aus Arbeit, einem weiteren aus Freizeit.

Beim Siebenschläfer geht das so: Nach 8 Monaten Winterschlaf wird er wach – bis auf die Knochen abgemagert. Im folgenden Monat frisst er sich erstmal genügend Speck an, um auch nur annähernd überleben zu können. Um das zu schaffen, frisst er 24 Stunden am Tag – ohne Schlaf. Dann gründet er eine Familie und zieht innerhalb von 3 Monaten im Durchschnitt 6 Kinder groß. Das heißt auch, dass er wiederum rund um die Uhr Nahrung ranschaffen muss. Ohne Schlaf. Wer selbst Kinder hat, der wird das Gefühl von Übermüdung kennen – und den Anblick, wenn die dunklen Augenringe zu Fassreifen werden.

Das Fazit: Am Ende des Sommers ist der Siebenschläfer fertig mit der Welt! Und hat sich jede Minute Schlaf verdient. Im Gegensatz zu uns Menschen verschiebt ein Siebenschläfer auch nie, niemals etwas auf morgen. Er ackert ohne Pause durch und schläft erst, wenn wirklich alles erledigt ist. Beide – Mensch und Tier – arbeiten also etwa ein Drittel ihrer Lebenszeit. Aber: Bei uns hat jeder Arbeitnehmer im Schnitt Anspruch auf einen Mo-

Überraschend, was in einen kleinen Siebenschläfer so alles reingeht. Der Magen scheint extrem dehnbar zu sein.

So sieht für einen Siebenschläfer das Paradies aus. Findet er keine natürlichen Baumhöhlen, können wir Menschen ihm mit einfachsten Mitteln Obdach bieten. Er lebt gerne auf Dachböden oder in künstlichen Nisthilfen.

nat Erholungsurlaub – also ein Zwölftel des Jahres. Dieser Anspruch entfällt beim Siebenschläfer. Im Gegensatz zum „faulen" Menschen schneidet der Siebenschläfer also überdurchschnittlich gut ab in Sachen Lebensarbeitszeit!

Mit den „Sieben Schläfern" aus der Heiligenlegende hat das Tier übrigens nichts, aber auch gar nichts zu tun. Die Jünglinge aus Ephesus hatten angeblich genau 372 Jahre verschlafen. Kurioserweise gelten aber ausgerechnet die als Schutzpatron der Schlaflosen. Einen Schwerpunkt der Verbreitung haben die Siebenschläfer im Bliesgau. Hier gibt es ausgedehnte Streuobstwiesen, in denen er seinen 4-Monats-Stress ungestört ausleben kann. Eigentlich reicht ihm auch ein Laubwald, denn er frisst auch Eckern und Nüsse. Aber nur, wenn es nichts anderes gibt. Und das auch nur bevorzugt im Herbst, wenn er sich mit den fetthaltigen Früchten Speck anfressen muss. Ansonsten bevorzugt er eindeutig Obst. Und wenn es dazu noch Obst von alten Bäumen ist, dann ist sein Leben perfekt. Denn in alten Bäumen findet er auch noch genügend viele Astlöcher und Baumhöhlen, in denen er wohnen kann.

Das Beeder Biotop: Heimat von über 140 Vogelarten.

Steinkäuze litten in den vergangenen Jahrzehnten unter Wohnungsmangel. Seit ein paar Jahren werden in alten Bäumen verstärkt „Steinkauzkästen" als Ersatzhöhle aufgehängt. Seither sind die Tiere im Aufwind.

Aber genau das tut auch eine andere Tierart – und bei der steht der Siebenschläfer auf der Speisekarte. Im Bliesgau wohnen 80 % aller saarländischen **Steinkäuze**. Die sind in Sachen Arbeitseifer das Gegenmodell zum eifrigen Bilch. Wer Steinkäuze beobachten will, kann das am besten zwei Stunden morgens und abends tun – jeweils zum Sonnenaufgang und Sonnenuntergang. Den Rest der Zeit verbringt er am liebsten in seinem behaglichen Zuhause. Damit halten sie eine fast so ausgedehnte Siesta wie „faule" Hauskatzen. Wenn sie aber auf der Jagd sind, dann tun sie das höchst

konzentriert und mit einer – nennen wir es mal – großen Hibbeligkeit. Sie sitzen auf einem Ansitz, von dem aus sie die Wiesen gut im Blick haben, und warten auf Beute. Dabei treten sie von einem Bein aufs andere wie ein 4-jähriges Kind an Heiligabend in Vorfreude auf die Weihnachtsgeschenke.

Steinkäuze haben eine ausgeprägte Mimik. Das Repertoire reicht von „überrascht" bis zu „mach', dass du wegkommst".

Sehen sie dann eine Maus, einen Bilch oder größere Insekten durchs Gras rascheln, dann fliegen sie los. Dabei ist der Flug ein ständiges Auf und Ab, der sogenannte Wellenflug. An dem kann man sie in der Dämmerung auch auf große Entfernung von anderen Vögeln unterscheiden. Im Idealfall überraschen sie ihre Beute und haben mit minimalem Aufwand große Beute gemacht. Aber Mäuse zum Beispiel sind extrem wachsam, und lassen sich eher ungern überraschen. Für diesen Fall hat Mutter Natur vorgesorgt und aus dem Kauz einen prima Jogger gemacht. Mit langen Schritten verfolgt er die Maus am Boden. Wenn man bedenkt, wie schnell und wendig eine Maus sein kann, ist es überraschend, wie oft der Kauz damit Erfolg hat. Versuchen Sie mal selber, eine Maus mit der Hand zu fangen. Sie werden wahrscheinlich scheitern.

Wer jemals einen Kauz beobachtet hat, wie er mit großen, scheinbar ungelenken Schritten einer Maus nachsetzt, oder sah, wie er aufgeregt auf der Stelle trippelt als müsste er pinkeln, der muss sich einfach darüber wundern, dass der Steinkauz im antiken Griechenland als Symbol der Weisheit galt. Zu dieser Ehre kam es aber auch eher durch Zufall. Dic Stadt Athen war der Göttin der Weisheit geweiht (deshalb der Name). Und in Athen gab's besonders viele Käuze. Also lag nichts näher, als eine direkte Verbindung zu vermuten: Athen gleich Weisheit gleich Steinkauz. Heute würde „Eulen nach Athen zu tragen" übrigens durchaus wieder Sinn machen. Denn im städtebaulichen „Moloch" Athen sind die Tiere selten geworden. Die Weisheit ist also heutzutage eher in Bliesbruck und Blieskastel zuhause als in Athen.

Adressen

Infostelle des Biosphärenreservats
Luitpoldplatz 5
66440 Blieskastell
www.biosphaere-bliesgau.eu

Infostelle im Europäischen Kulturpark Bliesbruck-Reinheim
Robert-Schumann-Str. 2
66453 Gersheim
Archäologische Ausgrabungsstätte rund um das Grab der keltischen Fürstin von Reinheim.

Perlen und spitze Wassernasen

NATURPARK SÜDEIFEL

Im Archiv des Südwestrundfunks lagern zahllose Fernsehbeiträge über die wichtigen Ereignisse des Jahres 1964. Die DDR führt den Mindestumtausch für Bundesbürger ein, die Volksrepublik China testet ihre erste Atombombe, die Bundesbank gibt zum ersten Mal einen 1000-DM-Schein aus, Willy Brandt wird SPD-Vorsitzender, auf Deutschlands Straßen werden die ersten „Dickstrich-Ketten" gepinselt (später in „Zebrastreifen" umgetauft). Das ist aber das übliche Nachrichtengesumsel, wie es in jedem Fernseharchiv sein staubiges Dasein fristet. Wichtig epochemachend war eine Nachricht aus dem Südwesten: Am 17. 4. 1964 wurde der erste grenzübergreifende Naturpark Europas gegründet. Wie neu die Idee war, zeigt sich daran, dass nicht weniger als zwei Dutzend Fernsehberichte darüber gemacht wurden. Berichte über die Vorbereitungen, die Einweihung durch Ministerpräsident Altmaier und seinen luxemburgischen Kollegen Henry Cravatte, und last not least die Natur der Südeifel.

Zwischen den tief eingeschnittenen Tälern und den Hochflächen im Norden und den Felsformationen des Ferschweiler-Bollendorfer Plateaus im Süden steckt eine Menge Natur. Eines der Kernstücke ist dabei das Tal der Our. Die entspringt in den belgischen Ardennen und bildet dann auf ihrem Weg Richtung Süden die Westgrenze der Republik. Wobei – an der Grenze zu Luxemburg gibt es eine Ausnahme. Hier ist nicht die Mitte des Flusses die Grenze, sondern ihre jeweiligen Ufer. Der Fluss selbst ist irgendwie Niemandsland. Das heißt natürlich auch, dass die Tiere im Fluss weder Luxemburger noch Bundesbürger sind. Bei

Der Naturpark ist voll von Ecken, für die die Bezeichnung „wildromantisch" erfunden wurde. Die Irreler Wasserfälle können mit den Niagarafällen zwar nicht mithalten, was die Größe angeht. Dafür stehen sich die Besucher aber auch nicht gegenseitig auf den Füßen.

Flussperlmuscheln – wahre „Schatzkisten der Natur".

Im Gegensatz zur Regenbogenforelle ist die Bachforelle eine echte Mimose. Sie braucht sauberes, klares Wasser.

Adressen

www.naturpark-suedeifel.de
Internetseite des Naturpark Südeifel.

Naturparkzentrum Teufelsschlucht
Ferschweilerstraße 50
54668 Ernzen
www.teufelsschlucht.de

Devonium Waxweiler
Hauptsraße 28
54649 Waxweiler
www.devonium.de
Das Museum erzählt unsere Naturgeschichte der vergangenen 400 Millionen Jahre. Man steigt ungefähr zu der Zeit ein, als die ersten Pflanzen den Sprung aus dem Wasser an Land geschafft haben. Die Wasserspitzmaus scheint das so ganz noch nicht mitbekommen zu haben – zumindest ansatzweise.

Bachforelle & Co. hört sich das jetzt nicht nach einer großen Sache an. Aber: In der Our gibt es Tiere, die einen immensen materiellen Wert hatten. Versuchte man, sie ohne offizielle Erlaubnis zu jagen, drohten drakonische Strafen, wie zum Beispiel das Abhacken der Hände. (Das war nämlich auch bei uns mal die übliche Strafe für Diebstahl. Aber glücklicherweise ist das lange her.) Es geht um die **Flussperlmuschel**. Perlen gelten seit mehr als 4000 Jahren als wertvoll, kostbar und schwer zu bekommen. Ihr Wert ergab sich nicht aus ihrem Materialwert. Sie bestehen zu über 90 % aus Calciumcarbonat, also kohlensaurem Kalk. Im Gegensatz zur Kalkablagerung in der Waschmaschine sind sie aber nur sehr schwer zu bekommen. Muscheln im Meer saugen Wasser ein und filtern Nährstoffe daraus. Der neueste Stand der Forschung zur Entstehung der Perle ist der, dass sich im Muschelfleisch eine Zyste bildet, die dann als Abwehrmaßnahme in einer Kalkschicht eingeschlossen wird. In jahrelanger Kleinarbeit wächst die Kalkschale dann Schicht für Schicht, bis schließlich daraus eine Perle entsteht. Das dauert Jahre. Und nur in einer von Hunderten infrage kommenden Muscheln bildet sich solch eine Zyste. Das heißt, die todesmutigen Taucher mussten Tausende Muscheln bergen und aufbrechen, um eine Handvoll Perlen zu ernten.

Im 17. Jahrhundert wurden Perlen nach wie vor mit Gold aufgewogen. Nur wenige Fürsten konnten es sich leisten, ihre Kronen mit Perlen zu verzieren. Im 17. Jahrhundert entdeckte man aber plötzlich, dass Perlen nicht nur in Meeresmuscheln entstehen. Wahrscheinlich durch Zufall fand man in einer bestimmten Art der Flussmuschel ebenfalls Perlen. Und stellte sie überall unter Schutz. Umgehend. Das geschah natürlich nicht aus Artenschutzgründen, sondern um mögliche Perlen für die Herrschaften zu sichern. An den Flüssen im Südwesten wurde regelmäßig unter Aufsicht geerntet. So kamen einige Fürsten dann doch noch zu Perlen, ohne dass dafür jemand tauchen musste. Es war aber eine echte Fleißarbeit. Bis zu 2000 Muscheln musste man aufbrechen, um an eine einzige Perle zu kommen. Dass diese Art der Schatzsuche der Tierart nicht gut getan hat, ist offensichtlich. Die Flüsse im Südwesten sind heute weitgehend flussperlmuschelfrei. Nur in wenigen haben einige

Kein Grand Canyon, dafür Dutzende kleine …

Exemplare überlebt. Man schätzt, dass in der Our noch etwa 100 Muscheln leben. Einige von denen werden es noch erlebt haben, dass sie zu Tausenden in einer Kolonie gelebt haben. Flussperlmuscheln können über 200 Jahre alt werden, lebten also vielleicht schon zu Napoleons Zeiten.

Neben der Perlenfischerei gibt es weitere Gründe für den Rückgang dieser Muschelart. Gewässerverschmutzung und die Kanalisierung von Bächen und Flussläufen sind dabei die Hauptursachen. Dabei spielt das Schicksal auch über Bande. Die Flussperlmuschel ist abhängig von der Bachforelle, weil ihr Nachwuchs die erste Zeit ihres Lebens an den Kiemen der Bachforelle lebt. Und zwar einzig und allein an denen der Bachforelle. Selbst nah verwandte Fische eignen sich nicht als Wirt. Und auch die Bachforelle gehört zu den bedrohten Tierarten. Das liegt einerseits am schmutzigen Wasser, andererseits aber auch an der Verbauung der Gewässer. Bachforellen sind Wanderfische. Von den breiten Unterläufen der Flüsse ziehen sie im Herbst wie Lachse flussaufwärts, um dort ihre Eier abzulegen. Ist der Weg verbaut, zum Beispiel durch Wasserkraftanlagen oder Weh-

Fischotter gehören zu den seltensten Tieren im Südwesten. Als Nahrungskonkurrent des Menschen wurden sie gnadenlos gejagt. Noch vor 100 Jahren hieß es: „Tod den Ottern".

Die Wasserspitzmaus erinnert ein wenig an eine Kreuzung aus Elefant und Maulwurf– und nicht an eine Maus.

re, dann schaffen sie den Weg in ihre Laichgebiete nicht. Kein Nachwuchs, keine großen Fische. Und auch keine Kiemen, an die sich die Muschellarven andocken können.

Seit einigen Jahren gibt es an der Our (und nicht nur hier) Projekte, um der Flussperlmuschel wieder eine Zukunft zu geben. Jungmuscheln werden gezüchtet und ausgewildert, die alten Muscheln gesucht und ihre Standorte genau aufgezeichnet. Sollten Sie in nächster Zeit mal in einem klaren Bach eine Muschel mit Nummer sehen, dann legen Sie auf keinen Fall Hand an. Lassen Sie weder die Neugier noch die Chance auf Reichtum siegen. Die Chance auf eine Perle ist extrem klein – spielen Sie lieber Lotto. Und denken Sie daran, dass die Muschel wahrscheinlich schon auf der Welt war, als ihre Urgroßeltern geboren wurden. Sie verdient den gleichen Respekt wie eine uralte, angeblich weise Riesenschildkröte.

Dass die Our Heimat der Flussperlmuscheln ist, ist kein Zufall. Das Flusssystem der Our ist noch weitgehend intakt; und auch die Umgebung der Gewässer ist noch das, was der Wildnis am nächsten kommt. Deshalb gibt es hier hin und wieder auch noch rare Sichtungen des **Fischotters**. Auch für den gibt es Hoffnung. Durch Artenschutzprojekte soll der Lebensraum wieder so ottergerecht werden, dass es wieder Nachwuchs gibt. Und nicht nur durchziehende Einzeltiere sollen auf der Suche nach geeignetem Lebensraum für ein paar Tage einen Zwischenstopp einlegen. Sollte es wirklich so weit kommen, dann können wir vielleicht 50 Jahre nach dem Zebrastreifen ein weiteres Verkehrszeichen einführen, das es im Otterland Mecklenburg-Vorpommern schon gibt: „Vorsicht: Otterwechsel".

Auch eine andere Tierart ist von „naturnaher" Natur abhängig: Die **Wasserspitzmaus**. Das hört sich jetzt vielleicht nicht besonders spektakulär an, ist es aber. Wasserspitzmäuse sind in der Mäusewelt das, was einer Kombination aus Biber und Fischotter am nächsten kommt. Die können schwimmen und tauchen, jagen (Insekten, Kleinkrebse, kleine Fische und Schnecken) und leben in einem Bau, der immer einen Ausgang zum Wasser hat. Zum Mäusebiber fehlt ihnen nur, dass sie keine Bäume fällen. Der Clou bei der Wasserspitzmaus ist aber: Sie ist eines der wenigen Säugetiere, das giftig ist. Ihr Gift, das sie in Speicheldrüsen im Mund produziert, kann für kleine Tiere sogar tödlich sein.

Das bekannteste – und gleichzeitig seltsamste – giftige Säugetier ist das australische Schnabeltier. Bei dieser Art haben die Männchen einen Giftstachel an den Hinterbeinen. Der Erstentdecker des Schnabeltieres, George Shaw, brachte übrigens ein ausgestopftes Exemplar mit nach England. Als er es stolz vorführte, wurde er verspottet und als Fälscher bis an sein Lebensende von der Wissenschafts-Society geächtet. So ein Tier konnte es einfach nicht geben! Abgesehen vom Entenschnabel auch noch giftig? Lächerlich!

STECKBRIEF WASSERSPITZMAUS

Wissenschaftlicher Name: Neomys fodiens (vom lateinischen „fodere" für „wühlen" und „stechen")

Größe: max. 10 cm plus 7 cm Schwanz

Gewicht: um 20 Gramm

Nachwuchs: wenn's gut läuft, bis 30 pro Jahr

Alter: weniger als 2 Jahre

Zukunftsaussichten: zappendüster

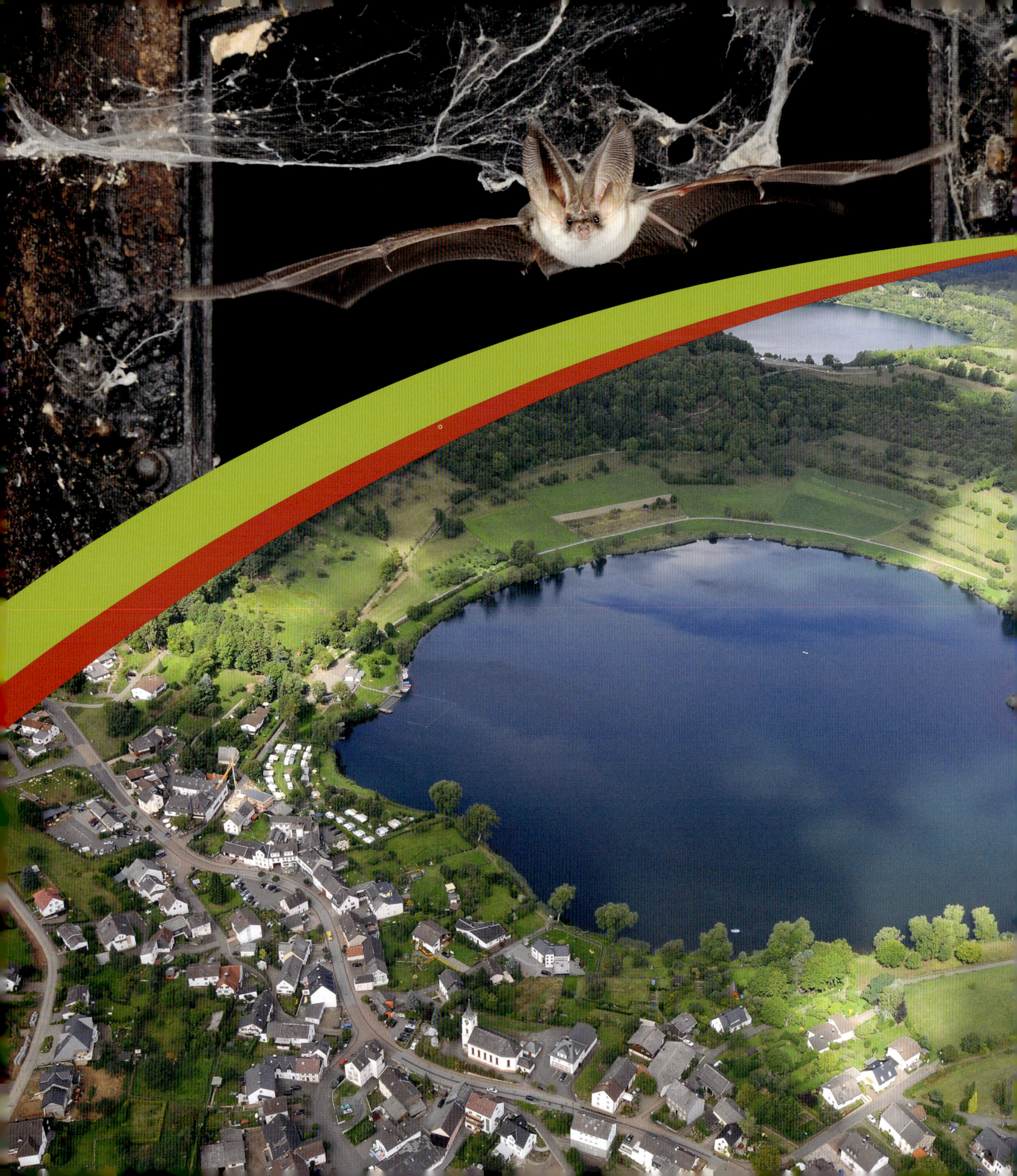

Swingerclub für Fledermäuse

VULKANEIFEL

„Swingerclub für Fledermäuse“ – so titelte die taz am 23. August 2007. Als Sündenpfuhl hatten die Journalisten einen Ort in der Vulkaneifel ausgemacht, der eigentlich nicht für Natur stand, sondern ein Symbol des menschlichen Fortschritts war. Als wir uns in der Steinzeit von Jägern und Sammlern zu Ackerbauern entwickelten, hatten wir plötzlich einen ungeheuren Bedarf an Mühlsteinen. Ohne Mühlstein können wir nämlich kein Getreide mahlen; und ungemahlenes Getreide können wir nicht verdauen. Am besten geeignet zum Mahlen ist Vulkangestein. Und das fand man schon vor 7000 Jahren in der Vulkaneifel. In der Folge wurde der Basalt systematisch abgebaut, erst über, später dann auch unter Tage. Dabei entstand ein System aus Gruben, Höhlen, Schächten und Grotten, in denen nach dem Niedergang der Mühlsteinindustrie vor allem Bier gelagert wurde. Nicht, dass die Kühlung alkoholischer Getränke völlig unnütz wäre, aber ihren wahren Wert gewannen die Industrieruinen erst, nachdem die **Fledermäuse** sie als Behausung entdeckten. Jetzt sind sie ein Naturparadies aus zweiter Hand; nicht natürlich entstanden, aber von der Natur in Besitz genommen.

Heute ist das Grubenfeld in Mayen eines der wichtigsten Fledermausquartiere in Europa. Oder, um mit den Medien zu reden, ein „Ballermann für Fledermäuse“. Man schätzt, dass um die 100 000 Tiere hier überwintern und sich im Spätsommer hier sammeln, um zu „schwärmen“. Das ist so etwas wie die Brunftzeit für Fledertiere. Mithin haben die Kollegen der taz nicht ganz unrecht mit ihrer Bezeichnung.

Insgesamt wurden 16 verschiedene Fledermausarten im Grubenfeld nachgewiesen. Einige von ihnen hören auf so illustre Namen wie Großes Mausohr, Braunes Langohr, Bechstein-, Mops- und Zwergfledermaus. Und alle haben eins gemein: Sie fressen Mücken. Und zwar jede bis zu 10 000 im Jahr. Daraus könnte man jetzt zwei Schlüsse ziehen: Entweder gibt es in der Vulkaneifel besonders viele Mücken (die die Fledermäuse hierher locken), oder es gibt besonders wenige (weil 100 000 Fledermäuse immerhin eine Milliarde Mücken vertilgen). Wahrscheinlich ist beides wahr. Und das Fazit klar: Fledermäuse sorgen dafür, dass

Wie konnte dieses kleine Kerlchen nur zum Inbegriff des Bösen werden? Und so ganz nebenbei: Fledermäuse verirren sich nur höchst ungern in langes Frauenhaar. Gleichwohl geht das Gerücht um, sie täten es gern. Und fast jeder hat schon mal eine Geschichte gehört, ein Freund eines Freundes hätte von einem Freund gehört, seiner Freundin sei … So entstehen Gräuelgeschichten.

STECKBRIEF FLEDERMÄUSE

Arten: 900 Arten weltweit, ca. 25 in Mitteleuropa

Kleinste Art: Hummelfledermaus (max. 30 mm, Gewicht nur 2 Gramm)

Größte Art: Australische Gespenstfledermaus (60 cm Spannweite)

Früheste Art: Großer Abendsegler, der schon mit einsetzender Dämmerung beobachtet werden kann.

wir Menschen weniger Mückenstiche bekommen. Das sollte doch wahrlich reichen, um auf der Beliebtheitsskala ganz oben zu stehen. Heute haut das auch hin. Historisch gesehen wurden Fledermäuse aber immer mit Argwohn betrachtet. Durch ihr Aussehen und ihre nächtliche Lebensweise galten sie als Inkarnation des Bösen.

Dann aber erschien 1939 jenseits des Atlantiks ein Fledermausheld auf der Bildfläche: die Comicfigur Batman. Die Fledermaus als Rächer versetzt seither nur noch Bösewichte in Angst und Schrecken. Die endgültige Wende kam mit „Der kleine Vampir" – und schwups – wurde aus dem unheimlichen Fledertier ein Sympathieträger.

Das Faszinierende an den Tieren ist ihre Orientierung mittels Echoortung. Sie ermöglicht ihnen, in tiefster Dunkelheit Beute zu finden und sich zu orientieren. Das funktioniert auch unter Tage im Grubenfeld, wo die Schächte teilweise weniger als einen halben Meter Durchmesser haben. Allerdings hat man auch herausgefunden, dass Fledermäuse Gewohnheitstiere sind. Den oft geflogenen Weg im Schachtsystem fliegen sie nach einiger Zeit aus dem Gedächtnis – und nicht mehr mit dem Ortungssystem. Stellt man ihnen jetzt ein Hindernis in den Weg, dann knallen sie dagegen. Da merkt man mal, wie schädlich Routine sein kann.

Nützlich ist dieses Verhalten, wenn man Fledermäuse beringen will. Man stellt vor den Höhlenausgängen Netze auf. Die Fledermaus könnte diese Netze zwar „hören", tut es aber nicht, weil da ja niemals ein Netz war – und wird zum Opfer ihrer allabendlichen Routine. Ein Opfer, dem wir aber viele Erkenntnisse über das Grubenfeld und die Fledermäuse verdanken. Die beringten Fledermäuse beweisen, dass die Fledermäuse aus mehr als 300 km Umkreis nach Mayen kommen. Für sie ist der alte Steinbruch offensichtlich der schönste Platz der Welt. Zumindest, was ein warmes Plätzchen im Winter und die Liebe angeht.

Dieses wunderschöne Lächeln gehört zur Zweifarbfledermaus.

Schade ist, dass eine der größten Koryphäen der Wissenschaftsgeschichte hier so wenig Zeit verbringen konnte. Alexander von Humboldt: „Leider! War ich nur wenige Stunden in der so anmuthigen Gegend ...". Selbst schuld, möchte man sagen. Für irgendwelche entlegenen Gegenden Südamerikas hatte er Jahre, für die Vulkaneifel nur ein paar Minuten. Dabei war die vulkanische Aktivität eines seiner Hauptforschungsgebiete. Aber die südamerikanischen Vulkane hatten den Vorteil, noch aktiv zu sein. Während unsere Eifelvulkane zwar auch noch aktiv sind, sich aber gerade in einer Ruhephase befinden. Und die kann in geologischen Zeiträumen ja ein paar Jahrtausende dauern. Und so viel Geduld hatte Humboldt nicht.

Für die Erdbebenforschung ist die Eifel aber ein heißes Pflaster. Eines der dichtesten Netze zur Messung tektonischer Bewegungen steht in der Eifel. Mit bemerkenswerten Ergebnissen: Jedes Erdbeben wurde auch gemessen. Das eigentliche Ziel aber wurde bisher verfehlt: Erdbeben vorher-

Die „Augen“ der Eifel: Von ihnen gibt es über 70 in der Vulkaneifel. Die meisten von ihnen sind jedoch trockengefallen – und damit nur noch halb so schön.

sagen zu können. Manche Wissenschaftler glauben aber, auch dieses Problem mittlerweile gelöst zu haben. Durch Ameisen. Man hat nämlich herausgefunden, dass die Haufen der **Waldameisen** sich bevorzugt über Bruchzonen in der Erdkruste befinden. Sozusagen als natürliche Thermalheizung. Vor einem Erdbeben dringen Gase durch die sich verändernden Spalten im Boden und warnen die Ameisen, dass es bald losgeht. Das deckt sich mit einem fast 1500 Jahre alten chinesischen Sprichwort: „Wenn Ameisen und Frauen in Eile sind, droht immer ein Erdbeben“. Die Forschung in der Eifel gab Konfuzius Recht – wenn auch nicht in allem. Man stellte fest, dass sich zumindest die Ameisen tatsächlich anders verhalten.

Jetzt muss man nur noch klären, welche anderen Einflüsse eine Rolle spielen könnten (Mondphasen, Störungen durch Menschen, Baggerarbeiten in der Nähe, aufziehende Unwetter etc ...), und hätte dann erstmals eine zuverlässige Erdbebenwarnung „made in Eifel“.

Der Geologe hat übrigens aus der Forschung einen spannenden Roman gemacht. „Die Flucht der Ameisen“ beschreibt einen bevorstehenden Vulkanausbruch in der Eifel. Die katastrophalen Folgen hätten Alexander von Humboldt vielleicht bewogen, etwas länger als nur ein paar Stunden in der Eifel zu bleiben.

Wenn es bei uns eine Gegend gibt, die Tolkiens Mittelerde am nächsten kommt, dann ist das zwei-

Adressen

www.mayen.de
Website der Stadt Mayen mit Informationen zum Mayener Grubenfeld.

www.vulkanpark.com
Website des Vulkanparks mit 27 vulkanologischen und kulturhistorischen Projekten.

Dem Rebhuhn wird seit Jahrtausenden seine „dreckige Lache" angelastet. Dem Iltis sein Gestank! Dabei sieht er mit seinem süßen Blick so aus, als könne er kein Wässerchen trüben. Seinen Gestank als hervorstechendste und damit namensgebende Eigenart zu sehen, ist aber mehr als bösartig. Zumal Iltisse untereinander den Geruch ziemlich apart finden. Und mal ehrlich: Unser menschlicher Hang zu Deos und Duftwässerchen kann einem – wenn wie so oft ausufernd angewendet – den Atem nehmen.

Wissenschaftlich beschrieben und getauft wurde der Iltis von einem Württemberger. Georges Cuvier, den die Franzosen noch heute zu ihren größten Naturforschern zählen, wurde 1769 in Montbéliard geboren. Montbéliard hieß aber damals noch Mömpelgard – und gehörte zu Württemberg.

fellos die Vulklaneifel. Die Vulkane Mordors haben sich zwar weitgehend unsichtbar gemacht (bis auf Reste) und verhalten sich ruhig, aber das Auenland existiert noch. Die Pellenz nordwestlich von Mayen erinnert mit ihren geschwungenen Hügeln auffallend an die Heimat pelzfüßiger Halblinge. Und auch einige ihrer tierischen Bewohner sind in Legenden eingegangen. Wie zum Beispiel der einzige Vogel mit Höhenangst. Und das kam so: Der berühmte griechische Baumeister Daidalos (der die Flügel erfand, die seinem Sohn Ikarus das Leben kosteten) hatte einen Neffen – Perdix. Dieser machte in jugendlichen Jahren so mir nichts, dir nichts einige der nützlichsten Erfindungen der Menschheit, unter anderen die Säge und den Zirkel. Daidalos grämte sich darob so sehr, dass er seinen Neffen von einem hohen Felsen zu Tode stürzte. Die Göttin Athene erbarmte sich aber, machte Perdix wieder lebendig und schenkte ihm ein zweites Leben. Weil ihr nichts Besseres einfiel, verwandelte sie ihn ausgerechnet in einen Vogel, der verständlicherweise – nach den schlechten Erfahrungen – an Höhenangst litt.

Das **Rebhuhn** – wissenschaftlich Perdix perdix – ist tatsächlich ein Tiefflieger. In die Luft erhebt es sich nur, wenn's gar nicht anders geht. Und auch dann nur für ein paar Meter. Und brüten tut es keinesfalls auf Bäumen, sondern am Boden. Das tun andere zwar auch, aber irgendwie passt es zu der alten Geschichte aus Ovids „Metamorphosen". Der alte Grieche liefert übrigens auch direkt eine Erklärung für die Lautäußerungen der Rebhühner: Schadenfreude! Als Daidalos nämlich seinen Sohn verlor, stand Perdix direkt neben ihm und lachte ihn aus. Ein bisschen hört es wirklich wie Häme an. Wobei die gängigste Beschreibung von einer rostigen Türangel spricht. Beides ist nicht sehr charmant. Aber es hat auch nie jemand behauptet, das Rebhuhn sei ein Singvogel.

Im Jahr 2012 wurde das Rebhuhn in den Adelsstand erhoben. Das heißt nicht, dass es jetzt „von Rebhuhn" heißt. Die Adelung bezieht sich auf die Anerkennung, dass der Vogel eine sogenannte „Leitart" ist. An ihrem Bestand kann man ablesen, wie es um unsere Natur an sich steht. Da Rebhühner zwar genügsam sind, aber hohe Ansprüche an eine vielfältige Kulturlandschaft stellen, sind sie dabei ein perfekter Indikator. Geht's dem Rebhuhn gut, ist die Natur intakt. Da stimmt es nachdenklich, dass die Zukunft der Tiere als eher ungünstig bis schlecht eingeschätzt wird.

Ein anderer Bewohner der Vulkaneifel macht zwar keine Geräusche, die irgendwo zwischen rostiger Türangel und Schadenfreude angesiedelt sind, hat mit dem Rebhuhn aber eine andere Gemeinsamkeit: die Höhenangst. Der **Iltis** kann zwar super klettern, tut es aber nicht. Oder nur höchst ungern.

Iltisse sind das, was einem amerikanischen Skunk oder Stinktier bei uns am nächsten kommt. Mit ihren Analdrüsen versprühen sie ein stinkendes Sekret. Damit markieren sie ihr Revier; es wirkt aber auch zur Verteidigung. Und weil wohl auch Menschen schon Opfer einer Attacke wurden, hat er seinen volkstümlichen Namen erhalten: Stinker. Wer in der Vulkaneifel unterwegs ist, muss sich aber keinerlei Sorgen machen, Opfer eines Anschlags zu werden. Iltisse sind friedliche Gesellen, die lediglich kleinen Tieren nachstellen und uns Menschen immer, immer, immer in Ruhe lassen. Es sei denn, man treibt sie in die Ecke. Und da würden auch wir unleidlich werden.

Der Iltis hat es trotz seiner Mickrigkeit im Vergleich zu anderen Raubtieren aber doch in die „Hall of Fame" der Tiere gebracht – im militärischen Bereich. Da werden Fahrzeuge nämlich gerne auf martialische Namen getauft, heißen „Tiger", „Leopard" oder „Puma". Aber es gibt eben auch einen „Iltis" – als kleinen Geländewagen. Bei der Neuauflage wurde aber auch der umbenannt – und heißt jetzt „Wolf". Das klingt irgendwie nicht mehr so niedlich.

STECKBRIEF ILTIS

Wissenschaftlicher Name: Mustela putorius (vom lateinischen „stinken")

Größe: ca. 30 cm

Gewicht: um die 1,5 kg

Paarungszeit: März bis Juni

Jungtiere: 2 bis 12 (!!!)

Bedrohung: Industrialisierung der Landwirtschaft, Verlust des Lebensraumes

Relikte der Eiszeit

NATURPARK HOHES VENN – EIFEL

Das Hohe Venn hatte in früheren Zeiten keinen guten Ruf. „Rheinisch Sibirien“ wurde es genannt oder auch „die einzigen schottischen Highlands auf deutschem Boden“. Wobei mit Highlands nicht die romantischen Vorstellungen von heute verbunden sind, bei denen der unsterbliche Christopher Lambert im Schottenrock die Mädels in idyllischer Natur ganz wuschig macht. Die Highlands galten als unfruchtbar, kalt, feucht und mückenverseucht. Nicht ganz zu Unrecht, denn urbar konnte man die Gegend mit dem unfruchtbaren Boden kaum machen.

Dazu kamen die zahlreichen Todesfälle, bei denen verirrte Wanderer vor allem im Winter ums Leben kamen. Heute zeugen zahlreiche Kreuze von diesen Schicksalsschlägen, unter anderem das „Kreuz der Verlobten“. Hier wurden am 22. März 1871 die sterblichen Überreste von Francois Reiff und seiner Verlobten Maria Solheid gefunden. Beide wollten das Venn durchqueren, um ihre Hochzeitspapiere zu besorgen – und erfroren bei dem Versuch. Im Gegensatz zur landläufigen Meinung, im Moor würden ständig Leute versinken, geschah das im Venn fast nie. Obwohl es den klassischen „Schwingrasen“ gibt. Man tritt drauf und merkt zu spät, dass man keinen festen Boden mehr unter den Füßen hat. In der Regel kann man sich in solchen Momenten aber besser retten, als wenn man von einem Schneesturm überrascht wird.

Im Venn machten belgische Forscher in den 1930er-Jahren eine besondere Entdeckung. Sie stießen auf die Überreste von historischen Fischteichen, die es überall im Venn gab. Die Frage war, wer auf die absurde Idee kam, auf dem sauren Boden in der absoluten Einöde Fische züchten zu wollen. Die Antwort: niemand! Denn man fand heraus, dass es sich bei den seltsamen Formen nicht um Teiche, sondern um natürliche „Palsen“ handelte. Diese Gebilde entstanden, als nach der letzten Eiszeit der Frost im Boden auftaute. Die Erde wölbte sich auf und bildete etwas, das einem Bombenkrater ähnelte. Diesen Vorgang gibt es überall, wo der Boden auftaut. Aber auf der schneefreien Hochfläche des Venn konnte der Frost besonders tief in den Moorboden ziehen – deshalb sind die Palsen hier größer und häufiger als anderswo.

Das Perlenbachtal wurde nach den dort vorkommenden Flussperlmuscheln benannt. Auf die „illegale Ernte“ der Süßwasserperlen standen drakonische Strafen.

STECKBRIEF HOHES VENN

Größe: ca. 600 km² (davon nur noch knapp 100 Hektar unbeeinflusstes Hochmoor)

Lage: Belgien, Deutschland

Entstehung: Pro Jahr wächst das Moor um knapp 1 mm. Durch die Tiefe der dicksten Schichten von 8 m kann man das Alter des Hohen Venn gut schätzen: auf knapp 8000 Jahre.

Besonderheit: 2011 brannten mehr als 1000 Hektar Moor im Naturschutzgebiet. Es war der größte Brand seit 60 Jahren.

Eingebettet in den Naturpark liegt der Nationalpark. Es ist der erste – und bisher einzige – Nationalpark in Nordrhein-Westfalen.

Das Venn ist eine karge Landschaft. In der nur die Härtesten überleben können. Das Wollgras gehört dazu, oder der Sonnentau. Der ist sogar zum Fleischfresser geworden, weil der Boden so wenig Nährstoffe hergibt.

Ein seltener Gast: der Luchs. In den vergangenen Jahren wurden ab und zu einzelne Tiere beobachtet beziehungsweise deren Spuren entdeckt.

Auch heute ist das Venn nur dünn besiedelt. Und bietet genau aus diesem Grund vielen Tieren einen Platz zum Leben. Die scheuen **Birkhühner** zum Beispiel gelten wie die Palsen als Relikt der letzten Eiszeit. Vor knapp 10 000 Jahren machten sich die bis dahin überall verbreiteten Hühnervögel auf den Weg nach Norden. Heute sind sie typische Bewohner des „kalten" Nordeuropa. Lediglich in einigen Bergregionen haben sie sich gehalten – als „Relikt" eben. Und diesen Relikten geht es nicht gut. In den 1960er-Jahren wurden im Venn noch mehrere Hundert Birkhühner gezählt. Heute kommt man noch auf knapp drei Dutzend – Tendenz fallend.

Eine andere Tierart hat im Naturpark – und in dem von ihm eingefassten Nationalpark Eifel – einiges an Rückenwind bekommen. Die Wildkatze hat von der Nordeifel Richtung Süden ihr Hauptverbreitungsgebiet. Und je mehr „Wildnis-Regionen" geschaffen werden, in denen Natur Natur sein darf, desto besser geht's den kleinen Raubkatzen. Genau wie den größeren Verwandten. 2003 wurde im Hohen Venn der erste Luchs gesehen. Der hat übrigens das gleiche Problem wie das Birkhuhn: Bei so wenigen Tieren hat man's schwer, einen passenden Partner zu finden – und von sich zu überzeugen. Die Birkhähne führen dazu einen richtigen Tanz auf. Mit geschwollenen, knallroten Kopfrosetten steppen sie um die Gunst der Hühner. Und die? Die schauen sich das in aller Ruhe an. Und werden vielleicht irgendwann weich. Wenn's gut läuft für den Hahn. Einziger Wermutstropfen: Birkhähne sind von Natur aus notorische Fremdgänger. Das heißt, selbst wenn sie ein Weibchen kennenlernen (was inzwischen selbst im Venn unwahrscheinlich ist), haben sie kaum die Chance, auch noch eine Reihe von Konkubinen zu finden. Und nur das würde sie wirklich restlos glücklich machen. Wundern Sie sich also nicht, wenn die Birkhähne im Hohen Venn manchmal ein bisschen deprimiert aussehen.

Adressen

www.naturpark-eifel.de
Internetseite des Naturparks mit vielen Informationen und Entdeckerangeboten.

www.eifel-expeditionen.de
Überblick und Informationen zu den Naturerlebniszentren im Naturpark.

Naturparkzentrum Botrange
Route de Botrange 131
4950 Robertville (Belgien)
www.botrange.be

Naturparkzentrum Nettersheim
Urftstraße 2–4
53947 Nettersheim
www.naturzentrum-eifel.de

Naturpark Infostätte
Tiergartenstraße 70
54595 Prüm

Birkhühner haben – genau wie Auerhühner und Schneehühner – behaarte Füße. Deshalb der Sammelname: Raufußhühner.

Hungrige Eisvögel und kleine Fische

NATURPARK RHEIN-WESTERWALD

„Des einen Freud, des anderen Leid." Dieses Sprichwort könnte für den **Eisvogel** erfunden worden sein. Den Schaden hatte in der Legende immer der Vogel. Und wir Menschen profitierten davon. Und das geht so: Vor allem die kleinen Eisvogeldamen galten der Sage nach als extrem treu. Starb ihr Partner, dann stimmten sie ein Trauerlied an – und sangen sich aus Gram und Einsamkeit selbst zu Tode. Wer jetzt als Mensch solch einen Trauergesang zu hören bekam, konnte sein Glück kaum fassen. Denn allein die Elegie zu hören, verhieß den Händlern Reichtum, den Fischern reichen Fang, den Adligen Macht, alten Jungfern einen stattlichen Gatten, einfachen Familien eine güldene Zukunft. Kurzum: Der Schicksalsschlag für den Eisvogel war für die Menschen ein Sechser im Lotto.

So gesehen müssten im Westerwald besonders viele reiche, glückliche, mächtige und erfolgreiche Menschen mit extrem attraktiven Lebenspartnern wohnen. Denn hier gibt es besonders viele Eisvögel. Zum Beispiel an der Wied und ihren kleinen Nebenflüssen und -bächen. Der Lebensraum ist ideal für „Alcedo atthis", weil er alles bietet, was er braucht. Klares Wasser zum Jagen, Ruhe – und vor allem Uferböschungen, in die er seine Bruthöhlen bauen kann. Die sind leider rar gesät in einem Land, in dem viele Bäche begradigt, viele Ufer mit Steinen befestigt wurden. Der Eisvogel braucht Ufer aus Sand oder weichem Lehm, in die er sich bis zu einem Meter tief einbuddeln kann. Hier drinnen zieht er seinen Nachwuchs groß. Und das bis zu dreimal im Jahr. Diese – im wahrsten Sinne des Wortes – aufopferungsvolle Elternschaft findet für uns Menschen unsichtbar unter der Erde statt, weswegen bis vor knapp 250 Jahren eine zweite Sage über den Eisvogel kursierte. Angeblich brütete er auf schwimmenden Nestern auf dem Meer. An dieses Gerücht glaubten allerdings nur Fachleute und Experten in Universitäten und gelehrten Hauskreisen. Der normale Westerwälder an sich, der die Natur vor seiner Haustür beobachtete, wusste die Erdhöhlen-Wahrheit schon längst.

Und auch die erste Sage – die mit dem trauernden Vogel – hält einer strengen Überprüfung nicht wirklich stand. Ein Eisvogel ist so sehr auf Arterhaltung programmiert, dass der vermeintliche Trauergesang wohl eher als Balzgesang gedeutet werden muss. Verschwindet der Partner, dann sucht man sich einen neuen. Und auch wir wissen, wie betörend charmant eine melancholisch vorgetragene Melodie auf uns wirkt. Und wir kennen den Begriff des „Witwentrösters". Das ist aber jetzt eher vermenschlicht und hört sich jetzt nach einem herzlosen Urteil über einen unschuldigen Vogel an. Ist aber nicht so gemeint. Woher soll eine Eisvogeldame denn wissen, dass ihr Partner tot ist – und nicht nur einfach mit einer anderen durchgebrannt? Das kann sie nicht wissen! Und man darf auch nicht vergessen, dass es mit der sprichwörtlichen Treue der Eisvögel nicht weit her ist. Männliche Eisvögel sind notorische Bigamisten! Wenn es genügend Weibchen in der Umgebung gibt, dann halten sie sich gerne schon mal zwei Familien gleichzeitig. Und versorgen – als engagierte Väter – beide Familien parallel.

Darüber kann man die Nase rümpfen. Sollte man aber nicht. Zumindest nicht, ehe man eine

STECKBRIEF EISVOGEL

Wissenschaftlicher Name: Alcedo atthis
Größe: ca. 16 cm
Spannweite: max. 40 cm
Gewicht: um die 35 Gramm
Alter: bis zu 10 Jahre
Arten: Insgesamt um die 90 Arten der „Eigentlichen Eisvögel". Bei uns gibt es „uneigentlich" nur die eine Art.
Name: wahrscheinlich von „Eisenvogel" wegen seiner rostroten und stahlbauen Farbkombination

Kann das Maul ganz schön voll nehmen: Der Eisvogel.

Eisvögel gehören zu den elegantesten Jägern am Wasser. Das Blau des Gefieders wirkt auf den ersten Blick zwar nicht wie eine gute Tarnung. Von oben aber wird der Vogel mit dem Wasser darunter fast unsichtbar.

Den Eisvogel stört die Anwesenheit des Menschen wenig. Auch mit Wehren (wie hier an der Wied bei Michelbach) kann er gut leben, solange man ihm nicht auf die Pelle rückt.

kleine Rechnung angestellt hat. Eine Eisvogelfamilie kann dreimal im Jahr bis zu 8 Kinder großziehen. Das macht 24 Kinder, im Fall unseres Bigamisten 48 Kinder – pro Jahr. Und jedes will nicht nur ausgebrütet (diese Arbeit teilen sich Weibchen und Männchen), sondern auch noch gefüttert werden. Dazu kommt die ordentliche Ausbildung: Eisvögeleltern bringen ihren Jungen Jagen bei, Gefiederpflege und Bruthöhenbau. Jeder Mensch, der auch nur zwei Kinder großgezogen hat, kann nachvollziehen, welche Leistung das ist. Nicht zuletzt deswegen wird der Eisvogel in vielen europäischen Ländern auch regelmäßig zum „Vogel des Jahres" gewählt. Bigamist hin oder her.

Vergessen darf man auch nicht, dass viele der gefiederten Nachbarn des Eisvogels es noch toller treiben. **Kohlmeisen** zum Beispiel. Die eher unscheinbaren Vögel haben es faustdick hinter den Ohren. Man hat im Westerwald vor ein paar Jahren den Nachwuchs mal genetisch untersucht. Dazu hat man Hunderten ein kleines Tröpfchen Blut entnommen und auf Vaterschaft getestet. Das Ergebnis war schockierend – zumindest aus katholischer Sicht. 90 % der Jungen waren nicht vom Vater. Da man viele benachbarte Bruten kontrolliert hatte, wurde eines klar: Meistens waren die Kinder vom unmittelbaren Nachbarn. Der Westerwald ist aber beileibe kein Sündenpfuhl. Zumindest ist er nicht der einzige. Auch badische oder Pfälzer Kohlmeisen sind moralisch kein bisschen integrer!

Aber zurück zum Eisvogel. Faszinierend ist, wie diszipliniert sich schon die kleinsten, gerade erst geschlüpften Jungvögel verhalten. Vor ein paar Jahren wurde mit einer Kamera in einer Bruthöhle beobachtet, dass die Jungen bei der Fütterung ordentlich Schlange stehen. Hat einer Futter bekommen, dann stellt er sich brav hinten an und lässt den nächsten dran. Diese Höflichkeit und gegenseitige Rücksichtnahme auf die Geschwister hält knapp einen Monat an. Dann verlässt der Nachwuchs die Höhle. Meistens alle am gleichen Tag. Und damit beginnt das – neudeutsch – „Catch-as-Catch-can". Die Jungvögel setzen sich jetzt einzeln auf Äste, wo sie von ihren Eltern mit Fisch versorgt werden. Kommt der Nachschub nicht schnell genug, dann fliegen sie zu Vater oder Mutter und betteln, was das Zeug hält. Bis den Eltern schließlich der Kragen platzt und sie ihren Nachwuchs aus dem Revier verjagen. Was meistens schon nach ein bis zwei Tagen der Fall ist. Geduld kennt halt auch in Familien ihre Grenzen.

Die Jungtiere müssen sich jetzt ein eigenes Revier suchen. Haben sie eins gefunden, dann bleiben sie ihrer neuen Heimat treu. Eisvögel sind keine Zugvögel, das heißt, sie leben auch im Winter

Adressen

www.naturpark-rhein-westerwald.de
Internetseite des Naturparks mit vielen Infos und Tipps zum Entdecken.

Das Roßbacher Häubchen –
Basalt bis zum Abwinken.

bei uns. Solange das Wasser eisfrei ist, können sie auch im Winter Beute machen. Dazu suchen sie sich – wie im Sommer auch – einen Ast oder Ansitz über oder auf dem Wasser. Von hier aus warten sie, bis sie kleine Fische unter der Wasseroberfläche sehen. Und dann stoßen sie im Sturzflug ins Wasser und erbeuten Fische, die manchmal halb so groß sind wie der Vogel selbst. Das hört sich nicht so riesig an. Wenn man sich aber vorstellt, dass der Vogel den Fisch am Stück frisst, dann bekommt man einen Eindruck davon, wie sensationell dehnbar Hals und Magen sind.

Die Art zu jagen bietet übrigens die besten Möglichkeiten, Eisvögel zu beobachten. Haben sie einen geeigneten Ansitz gefunden, dann nutzen sie ihn monate- und jahrelang. Und sind hier regelmäßig zu sehen. Zwischen März und Oktober kann man – mit ein wenig Geduld – auch die Eingänge zu den Bruthöhlen entdecken. Von denen sollte man sich aber fernhalten, denn ein Hauptgrund dafür, dass der Vogel gefährdet ist, sind menschliche Störungen. Wenn man Eisvögeln auf die Pelle rückt, dann trauen sie sich nicht aus den Bruthöhlen raus – und der Nachwuchs muss verhungern.

Eine der besten Gegenden, Eisvögel zu beobachten, ist übrigens die Wied mit ihren Nebenflüssen und -bächen. Dabei spielt es keine Rolle, ob man im Winter oder Sommer unterwegs ist. Findet man einen zugefrorenen Bach mit offenen Stellen, dann hat man große Chancen, in der Nähe eines der Tiere zu entdecken. Das ist ungefähr so, als ob in unserer Umgebung im Winter alle Eiscafés schließen – es knubbelt sich alles an dem einen, das weiter geöffnet hat.

Bei der Kohlmeise erlebten die Biologen eine echte Überraschung. Man erwartete zwar keine perfekte moralische Integrität. Das Ausmaß der „Untreue" überraschte jedoch.

STECKBRIEF KOHLMEISE

Wissenschaftlicher Name: Parus major
Größe: um die 15 cm plus 6 cm Schwanz
Gewicht: etwa 30 Gramm
Nester: brütet sogar in Briefkästen, wenn nicht so viel Post kommt
Brutzeit: Mai bis Juni
Nahrung: Im Sommer Fleischfresser, im Winter Vegetarier

Haselhuhn und Würfelnatter

NATURPARK NASSAU

Wir Menschen liegen erstaunlich oft daneben, wenn's darum geht, die Gefährlichkeit von Tieren einzuschätzen. Sehen wir zum Beispiel eine einfache **Stockente**, dann finden wir sie süß und putzig und füttern sie im Stadtpark mit Brot. Sehen wir eine Schlange, dann zucken wir zusammen und suchen schnell das Weite. Solche Einschätzungen erfolgen nicht nach längerem Nachdenken, sondern kommen aus dem Rückenmark. Gefahren ohne lange Überlegung einzuschätzen, war eine wichtige Überlebensstrategie. Wer erst lange nachdachte, wurde schnell von einem Wollnashorn über den Haufen gerannt oder von einem Krokodil gefressen. Wer instinktiv und schnell reagierte, rannte vielleicht auch mal vor einem Hasen davon, kam allerdings auch viel seltener in die Bredouille mit gefährlichen Tieren. So ganz nebenbei sorgte man so auch für einige Lacher. Im Ergebnis tilgten sich unsere eher wagemutigen, humorlosen Artgenossen so nach und nach aus unserem Genpool, während diejenigen, die auch mal für einen Lacher gut waren, überlebten und sich fortpflanzten. Wir sind mithin fast durchweg die Nachkommen der ängstlichen Weicheier – vielleicht abgesehen von Gestalten wie Crocodile Dundee, dessen Ahnenlinie offensichtlich die Ausnahme von der Regel darstellt.

Aus der einfachen Gefahrenabschätzung leiten sich auch viele unserer instinktiven Entscheidungen ab. Wir unterscheiden „Gut" und „Böse" nicht nach moralischen, erlernten Maßstäben, sondern zu allererst aus dem Bauch heraus. Oder aus der Nase. „Ich kann ihn gut riechen" ist eine stehende Redewendung. Und sie ist äußerst zutreffend, denn bei der Unterscheidung von „sympathisch" und „unsympathisch" spielt der Geruch eine wichtige Rolle. Dieses instinktive Verhalten gipfelt auch in der berühmten „Liebe auf den ersten Blick", die eigentlich eher „Liebe auf den ersten Riecher" heißen sollte. Erst das Gesamtkunstwerk aus lieblichem Antlitz und Wohlgeruch lässt unsere Hormone hochschießen. Der Anblick allein reicht nicht. Zugegeben, gegenüber anderen Tierarten haben wir uns schon weiterentwickelt. Wir riechen nicht wie Wölfe beim ersten Date zuerst am

Enten genießen – vor allem dank solcher Bilder – hohe Sympathiewerte. Zu Recht?

Schlangen sind eher – wie drückt man es am besten aus – unterdurchschnittlich beliebt. Zu Unrecht?

Hintern der Angebeteten, oder bespritzen uns nicht wie Rothirsche mit Urin, um anziehend zu wirken. Vielleicht wäre die Scheidungsrate aber auch erheblich geringer, wenn wir uns durch Kriterien wie optische Attraktivität, Wohlstand etc. nicht von unseren „In-stinkt-en" hätten ablenken lassen.

Aber zurück zu Stockente und Schlange. Wenn Sie entscheiden müssten, wer von beiden „gut" oder „böse", wer von beiden eher „putzig" oder „gemein" ist. Für wen würden Sie sich entscheiden? Die Stockente wäre mit Sicherheit „nett", die Schlange eher nicht! Und damit lägen wir völlig falsch. Eine **Würfelnatter** zum Beispiel ist ein harmloses, nettes, niedliches Lebewesen mit schönen, runden Kuhaugen. Die Stockente ein mörderisches, nimmersattes Raubtier. Denn hinter ihrem „Köpfchen in das Wasser, Schwänzchen in die Höh'"-Image verbirgt sich eine alles andere als harmlose Lebensweise. Wir sehen ihren Hintern und finden das ulkig. Aber was sie unter der Wasseroberfläche, unseren Blicken entzogen, anstellt, ist alles andere als harmlos. Sie frisst Krebse, Larven, kleine Fische, Muscheln, Würmer, Schnecken – und ist sogar ein Schlangenvertilger. Die Würfelnatter steht auf ihrer Speisekarte – nicht umgekehrt, wie wir vermuten würden.

Kleine Würfelnattern sind nur ein paar Zentimeter groß. Und für eine Stockente eine Delikatesse. Je mehr Stockenten also in einem Gewässer leben, desto schwerer hat's die Würfelnatter. Dabei sei gesagt, dass die Stockente alles andere als verdammungswürdig ist. Sie geht einfach ihrem Nahrungserwerb nach. Und sieht dabei noch süß aus. Im Gegensatz zur Würfelnatter. Die leidet unter dem schlechten Ruf, den Schlangen allgemein bei uns haben. Und zwar seit Jahrtausenden. Schlangen sind giftig, verschlagen, gefährlich – und der Überlieferung zufolge auch noch zutiefst unmoralisch. In der Bibel sind sie die Wurzel allen Übels. Sie bringen Eva dazu, die verbotene Frucht vom Baum der Erkenntnis zu essen. Damit war die Ursünde in der Welt. Und schuld war einzig und allein die Schlange. Aber, und das ist wichtig: Es kann keine Würfelnatter gewesen sein. Auf keinen Fall! Denn Würfelnattern klettern nie auf Bäume. Sie sind Wasserbewohner, kommen als Verdächtige für den Sündenfall also nicht infrage.

In Deutschland gibt es nur noch sehr wenige Orte, an denen Würfelnattern ein gutes Leben haben. Das liegt weniger an den überall vorhandenen Stockenten, sondern am menschlichen Einfluss. Flussbegradigungen, Uferverbauung und Wasserverschmutzung machen den Tieren das Leben schwer bis unmöglich. In Baden-Württemberg wurden in den vergangenen Jahrzehnten lediglich ein paar einzelne Tiere beobachtet. So zum Beispiel im Jahr 1973, als zwei Würfelnattern aus einer Tierhandlung im Montrepos-See bei Ludwigsburg ausgesetzt worden waren.

Die letzten natürlichen Vorkommen gibt es in Rheinland-Pfalz an der Mosel, der Nahe und an der Lahn. Hier finden sie noch unverbaute Uferabschnitte mit sonnigen, warmen Plätzen und kleinen Buchten, in denen der Bachgrund nicht verschlammt ist. Das ist wichtig für den Nahrungserwerb der Würfelnatter, denn strukturreiche Flachwasserbereiche mit Lücken im Bachbett sind gute Laichgebiete für Fische. Und die sind Hauptnahrung der Würfelnatter.

Für Menschen ist die Würfelnatter ungefährlich – ganz und gar und überhaupt. Das liegt erstmal daran, dass es in ganz Deutschland geschätzt nur noch um die 100 ausgewachsene Exemplare gibt, die Chance, sie zu sehen, mithin fast gleich null ist. Daneben und zuallererst verfügt sie über kein aktives Waffenarsenal. Kommt man ihr zu nahe, dann stellt sie sich tot. Diese soge-

STECKBRIEF WÜRFELNATTER

Wissenschaftlicher Name: Natrix tessellata (aus dem Lateinischen für „gewürfelt" – wobei sich die alternative Übersetzung „Mosaik" gleich viel gehobener anhört)

Länge: Weibchen etwa 1 Meter, Männchen etwas kürzer

Gewicht: bis zu 500 Gramm (je nachdem, wen sie gerade gegessen hat)

Alter: um die 10 Jahre

Besonderheit: Die Schuppen bzw. Schilder am Kopf sind bei jedem Tier einzigartig wie ein Fingerabdruck.

Bestand: Vom Aussterben bedroht

Störche haben einen robusten Magen. Der hier sammelt aber gerade kein Essen, sondern Nistmaterial.

Schlangen haben schöne Augen. Und eine weiche Haut. Und eine schlanke Figur. Damit wären sie eigentlich die idealen Kandidaten für Supermodel-Castingshows. Tatsächlich aber wecken sie irgendwelche Urängste aus Zeiten, in denen wir noch in Höhlen wohnten.

nannte „Akinese“, also vorgetäuschte Totenstarre, wirkt auf Tiere in etwa so wie ein abgelaufenes Haltbarkeitsdatum auf der Milchpackung – im Zweifel lässt man die Pfoten davon. Klappt der Trick mit der Totenstarre nicht, dann kommt Waffe Nummer zwei zum Einsatz. Sie kann furchtbar stinken. Das funktioniert nicht anders als bei uns: Wirkt das abgelaufene Haltbarkeitsdatum nicht, dann öffnet man die Milchpackung. Spätestens der faulige Gestank ist dann überzeugend. Davon lassen sich viele, aber nicht alle Fressfeinde abschrecken. Es gibt Tiere mit einem unverwüstlichen Magen und einem absolut unterirdischen Geruchssinn. Dazu gehört zum Beispiel auch der bei uns so beliebte **Weißstorch**. Der war im Mittelalter als Schlangenvertilger berühmt und beliebt. Eine Würfelnatter erbeutet der Weißstorch aber eher selten. Weitaus häufiger sind da Ringelnattern. Die haben nämlich im Gegensatz zu ihren nahen Verwandten einen viel größeren Lebensraum, weil sie anspruchloser sind und mit unserem doch eher durchwachsenem Wetter viel besser zurecht kommen. Damit kommt es auch viel häufiger zu unfreiwilligen Wanderbewegungen der Natter in den Storchenmagen.

Dem Storch ist es dabei übrigens egal, ob eine Schlange giftig ist oder nicht. Er frisst sie alle. Auch Kreuzottern wandern in seinen Magen, ohne dass es ihm den Appetit verdirbt. Er vermeidet es aber, gebissen zu werden. Das schafft er, wenn er schnell, und die Schlange körperlich nicht ganz auf der Höhe ist, zum Beispiel frühmorgens. Dann hat die Schlange nämlich ihre Betriebstemperatur noch nicht erreicht und ist eher träge. Bei ungiftigen Schlangen nimmt der Storch einen harmlosen Biss durchaus in Kauf. Und unterscheiden kann er sie einfach: Ungiftige, harmlose Schlangen haben immer runde Augen, Giftschlangen typische geschlitzte Katzenaugen. Aber Vorsicht: Diese Unterscheidung gilt nur bei uns. Außerhalb Europas haben extrem giftige Schlangen auch runde Augen. Dazu gehört unter anderem die Schwarze Mamba in Ostafrika. Die wurde übrigens von Albert Günther, einem Zoologen aus Esslingen am Neckar, erstmals wissenschaftlich beschrieben. Und wird dem einen oder anderen Jungstorch auf Winterwanderschaft zum Verhängnis geworden sein. Zumindest, wenn er nur auf die Augen geachtet hat.

Der Weißstorch ist ein guter Flieger, der sich seinen Lebensraum ganz gut aus der Luft aussuchen kann. Sieht er ein nettes Plätzchen, dann schaut er mal vorbei. Stellt sich bei dieser Stippvisite heraus, dass man hier gut leben kann, dann bleibt er. Diese örtliche Ungebundenheit stellt eines der Erfolgsrezepte des Fliegers dar. Er bevorzugt zwar seinen letztjährigen Horst, kann aber auch umziehen, wenn's nicht anders geht. Und nicht nur dem Weißstorch geht das so. Vögel haben die Möglichkeit, sich auf dem Luftweg gute Lebensräume zu suchen. Deshalb entdecken sie auch in-

Adressen

www.naturparknassau.de
Internetseite des Naturparks mit vielen Infos und Tipps zum Entdecken.

selartige Naturparadiese, die weit voneinander entfernt liegen. Die Fußgänger unter den Tieren haben's da schwerer. Sie müssen zu Fuß an Siedlungen vorbei, durch Industriegebiete und über Straßen und Flüsse, um den nächsten passablen Lebensraum zu entdecken. Und das geht selten gut.

Es gibt aber auch unter den Vögeln welche, die alles andere als mobil sind. Die Couch-Potatoes unter den Gefiederten bleiben ihr Leben lang in ihrer Heimat – und kommen dabei nicht weit rum. Eines dieser Tiere ist das **Haselhuhn**. Besonders gut ging es dem immer in Niederwäldern, in der die menschliche Waldbewirtschaftung immer für lichte Stellen sorgte, in denen der Vogel genügend Kräuter und Insekten als Nahrung fand. Solche Niederwaldwirtschaft lohnte sich früher unter anderem an den Hangwäldern links und rechts der Lahn. Als diese Art der Forstwirtschaft unlukrativ wurde, erging's dem Haselhuhn schlecht. Und statt abzuwandern in andere Niederwälder, blieb es an Ort und Stelle und starb fast aus. Untersuchungen mit beringten Vögeln haben ergeben, dass 90 % aller Haselhühner einen Lebensradius von unter einem Kilometer haben, also extrem heimatverbunden sind. Da nützt es auch nichts, wenn sie der nächste Wald in nur 10 km Entfernung mit offenen Armen empfangen würde. Um die Haselhühner am Leben zu halten, wird heute im Naturpark die Niederwaldwirtschaft imitiert. Das heißt, man schafft gezielt „Haselhuhntaschen", in denen die wanderfaulen Tiere leben können. Und für Regionen, aus denen die Tiere ganz verschwunden sind, helfen nur Auswilderungen; eine neue, selbstständige Besiedlung durch Haselhühner aus der Nachbarschaft funktioniert kaum.

Klimatisch sind Haselhühner übrigens ganz harte Kerle. Bis zu 40 Grad minus halten sie gut aus. Dazu buddeln sie sich Schneekammern, in denen sie einen Großteil des Tages verbringen. So überstehen sie auch harte skandinavische Winter, in denen wir ohne warmen Ofen zweifellos zugrunde gehen würden. Vielleicht hilft ihnen dabei aber auch ein gewisser Familienzusammenhalt. Haselhühner gelten – im Gegensatz zu Mensch und Storch – als streng monogam. Und mit dieser Art von Nestwärme übersteht man auch härteste Winter. Im Naturpark Nassau und dem umliegenden Bundesland schätzt man, dass es noch um die 250 Brutpaare gibt. Tendenz: gleichbleibend.

STECKBRIEF HASELHUHN

Wissenschaftlicher Name: Tetrastes bonasia (man könnte argwöhnen, dass der Beiname vom Lateinischen „bona assa" her rührt – „guter Braten")
Größe: bis zu 35 cm
Gewicht: um sie 400 Gramm
Alter: in der freien Wildbahn bis zu 7 Jahre
Nachwuchs: April bis Mai
Spezialität: Sandbaden

Das Haselhuhn hat es offensichtlich sogar ins moderne Kinderbuch geschafft. Nein, nicht in Harry Potter. Aber in die „Warrior Cats". Da heißt eine Katze (!) wirklich und wahrhaftig „Haselhuhn".

„Killerwale im Rhein“

MITTELRHEIN

Stellen Sie sich einfach mal vor, Sie würden an einem heißen Sommertag ein erfrischendes Bad im Rhein genießen – und plötzlich von einem „Killerwal“ gefressen werden. Ihr persönliches Einzelschicksal wäre ein Glücksfall für den Naturschutz, steht der **Schwertwal** – wissenschaftlich Orcinus orca genannt – auf der Roten Liste der bedrohten Tierarten im Rhein.

Auf diese Liste kommt man als Tier nur, wenn es einem nicht gut geht. Oder anders ausgedrückt, wenn man so gut wie ausgestorben ist. Die – aus Ihrer Sicht – kurze Begegnung mit dem Schwertwal würde beweisen, dass es um unsere Natur gut bestellt ist. Denn der Wal schwimmt nicht nur, sondern nimmt auch Nahrung auf. Das ist immer ein gutes Zeichen, wie jeder Besitzer kränkelnder Haustiere aus Erfahrung weiß.

Die Sache mit dem Schwertwal auf der Roten Liste ist übrigens kein Scherz – es stimmt wirklich. Niemand weiß, wie der Wal auf die Liste kam. Wahrscheinlich wollte aber irgendein Beamter nur auf Nummer sicher gehen. Würde sich ein Rheinschwimmer in die Nahrungskette einreihen, ohne dass die Behörden gewarnt hätten, stünde den Hinterbliebenen ja eine Entschädigung zu.

Die Chance, dass sich ein Wal in den Rhein verirrt, ist denkbar gering. Gering, aber nicht ausgeschlossen. Das zeigt ein Vorfall, der sich 1966 ereignete – und für den es tausende Augenzeugen, und noch mehr Zeugen an den Fernsehbildschirmen gab. Am 18. Mai 1966 wurde im Rhein in Nordrhein-Westfalen ein weißer Wal gesichtet. Die alarmierten Fachleute gingen zuerst von einem toten Schwein aus, entdeckten aber, dass es sich wirklich und wahrhaftig um einen Beluga handelte – einen Wal, der eigentlich eher im Nordmeer lebt. Nach längerem Rätselraten fand man heraus, dass er zu einer Schiffsladung gehörte, die an Zoos geliefert werden sollte, aber im Sturm über dem Ärmelkanal über Bord gegangen war. Der Wal gehörte zu den Glücklicheren unter den Tieren, weil er schwimmen konnte. Völlig orientierungslos verirrte er sich aber in den Rhein. Erst nach knapp 4 Wochen fand er – inzwischen von der Bevölkerung liebevoll auf den Namen „Moby Dick“ getauft – den Weg zurück ins Meer. Zuletzt wurde er am 16. Juni 1966 gesehen – vor Hoek van Holland.

„Moby Dick“ wurde 1966 tagelang gejagt. Und Tausende Schaulustige beobachteten die Fangversuche vom Ufer aus.

STECKBRIEF WOLLHANDKRABBE

Wissenschaftlicher Name: Eriocheir sinensis (Ihr polnischer Name ist übrigens in Sprachschulen ein beliebter Zungenbrecher für Neulinge: „Krab we nistoszczypcy" – probieren Sie es mal)

Größe: Rückenpanzer bis zu 10 cm

Beine: bis zu 30 cm

Gewicht: bis zu 400 Gramm

Farbe: olivgrün bis bräunlich

Form: fast quadratisch (deshalb auch alternativer Name „Viereckskrabbe")

Besonderheit: Die Männchen haben behaarte Scheren.

Die Wollhandkrabbe ist vor allem bei Fischern unbeliebt. Und sie ist gut zu Fuß.

„Moby Dick" entkam mehreren Fangversuchen, nicht aber seiner Aufnahme in die Rote Liste der bedrohten Säugetiere im Rhein. Und fest steht eins: Wenn es sogar ein Beluga in den Rhein schafft, warum dann nicht auch ein Orca? Der lebt schließlich auch in der Nordsee.

Einer anderen Tierart blieb die Aufnahme in die Rote Liste verwehrt – dem gemeinen Nilkrokodil. Das ist auch kein Wunder, schließlich taucht es nur in Sommerlöchern immer mal wieder im Rhein auf. Das aber mit steter Regelmäßigkeit. Einzige Ausnahme: Im Jahr 1929 tauchte es erst am 29. September – also lange nach Ende der Sommerferien – auf: bei Oberwesel. Dem Bericht nach fing an diesem Tag der Oberrevisor Ludwig Fritz ein knapp 3 m langes Krokodil. Angeblich existiert sogar eine Gedenktafel an diesen einzigartigen Fang. Der Haken an der Sache – es gibt nur eine einzige Quelle für die Geschichte. Und es bräuchte mindestens zwei, um verlässlich zu sein. Aber spektakulär wäre es auf jeden Fall. Besser noch hätte Ludwig Fritz das Krokodil nicht gefangen, sondern nur unscharf fotografiert. Dann wäre der Mittelrhein seit 1929 auf Augenhöhe mit Loch Ness. Und das wäre doch was.

Im Gegensatz zu seltenen „Irrläufern" wie Belugas oder vielleicht ausgesetzten Tieren wie Krokodilen, gibt es aber auch Exoten, die sich im Rhein bestens eingelebt haben – und bleiben. Eine dieser Arten ist die chinesische **Wollhandkrabbe**. Die kommt eigentlich – wie der Name schon sagt – aus China. Den Sprung in die Flüsse Europas verdankt sie dem technologischen Fortschritt. So vor 150 Jahren kamen findige Menschen auf die Idee, Schiffe aus Stahl zu bauen. Das hatte viele Vorteile. Erstens war Holz, das für den Schiffbau geeignet ist, selten – und damit teuer. Und zweitens verrottet Stahl nicht so schnell wie Holz. Und drittens löste es ein nautisches Problem, das immer sehr viel Arbeit – und damit Kosten verursacht hat. Jedes Schiff braucht Ballast, um auf See stabil im Wasser

zu liegen. Je nach Ladung musste bei Holzschiffen mehr oder weniger Ballast geladen werden. Oder der Ballast musste anders verteilt werden, damit das Schiff gut getrimmt im Wasser lag. Und da dieses ständige Umladen tief unten im Schiff geschah, wurden dazu viele Arbeiter gebraucht. Mit Stahlschiffen konnte man den Aufwand senken. Statt Steine oder Bleiplatten zu stapeln, wurde jetzt einfach nur noch Wasser in Ballasttanks gepumpt.

Diese Rationalisierung der Schifffahrt machte aus der eher lokalpatriotisch veranlagten chinesischen Wollhandkrabbe einen Globetrotter. Pumpt ein Schiff im Hafen von Shanghai nämlich Ballastwasser in die Tanks, dann werden mit dem Wasser auch die Larven der Krabbe eingesaugt – gegen ihren Willen. Nach Tausenden von Meilen auf hoher See wird das Wasser im Hafen von Rotterdam wieder ausgepumpt – mit der Krabbenlarve. Und aus der entwickelt sich dann nach ein paar Wochen eine nur 3 mm große Krabbe. Jedes Jahr im April und Mai geht's dann los. Die jungen Krabben sammeln sich an den Flussmündungen und wandern dann zusammen flussaufwärts. Es ist eine der größten Tierwanderungen der Erde. Allerdings für uns meistens unsichtbar, denn sie findet in der Regel am Rheinboden statt. Nur an Wehren oder anderen Hindernissen kommt die Krabbe aus dem Wasser – und kann bis zu 3 km am Tag zurücklegen. Das ist eine großartige persönliche Leistung. Vergessen darf man dabei aber nicht, dass solche Exoten in einen Lebensraum eindringen, der sich im biologischen Gleichgewicht befindet. Und wenn ein neuer Spieler auftaucht, der sich so erfolgreich durchsetzt, dann hat das Einfluss auf diesen Lebensraum und seine Tier- und Pflanzenarten. Über die genauen ökologischen Schäden ist man sich noch uneins. Die bei ihrem Auftauchen befürchtete Katastrophe für die heimische Tierwelt ist bisher ausgeblieben. Laut WWF richten die Wollhandkrabben aber Schäden in Höhe von 80 Millionen Euro an. Dazu gehören vor allem Schäden an Deichen und Uferbefestigungen (die Krabbe gräbt sich nämlich ein) und Schäden für die Fischerei. Die Wollhandkrabbe bedient sich nämlich gerne an Reusen und Netzen,

Dank verschiedener Naturschutzprojekte in mehreren Bundesländern wieder auf dem Vormarsch: der Lachs. Er hat den „Geruch" des Wassers aus seinem Heimatbach gespeichert und folgt als Erwachsener diesem Geruch durch den Atlantik und rheinaufwärts wieder zurück an den Ort seiner Geburt.

Burg Gutenfels wurde von Ludwig dem Friedfertigen so genannt, nachdem die Hessen die Burg erfolglos belagert hatten. Ludwig trug seinen Beinamen wohl zu Recht, denn er war einer der wenigen, die im Bauernkrieg erst mal mit den Aufständischen verhandeln wollten. Auch die Beinamen seiner Vorfahren hören sich gut an: Ludwig der Friedfertige war der Sohn Philipps des Aufrichtigen und der Enkel Ludwigs des Sanftmütigen.

wo die Fische nicht weglaufen können, und beisst auch gerne Angelschnüre durch. Das Internet ist voll von Beschwerden von Anglern, die sich darüber beklagen, dass die Wollhandkrabben in großem Stil Angelschnüre durchbeißen, um sich die Köder zu greifen. Das ist für die Angler zwar bitter, zeugt aber davon, dass die Krabben ziemlich findig sind. Und es so bis in den Bodensee geschafft haben.

Eine andere Tierart war weniger lebenstüchtig als die Krabbe. Sie ist im Rhein und seinen Nebenflüssen fast verschwunden. Die Rede ist vom **Lachs**. Er war im Rhein immer so verbreitet, dass er als Nahrungsmittel billiger war als Brot – ein echtes Armeleuteessen. 1836 streikte das Hausgesinde im Rheinland sogar, um wenigstens einen lachsfreien Tag pro Woche durchzusetzen. Dieser Wunsch ist in Erfüllung gegangen. Heute ist Lachs eine Delikatesse. Wie übrigens auch der Krabbencocktail. Der war vor 100 Jahren Viehfutter. Stattdessen fischte man 3 m lange Störe aus der Nordsee. Aber wir haben uns in der Nahrungskette immer weiter nach unten gefressen. Als es keine Störe mehr gab, entdeckten wir zwangsläufig auch kleinere Happen. Und verfütterten plötzlich die Krabben nicht mehr an die Schweine, sondern an uns.

Glücklicherweise mussten wir uns bisher nicht komplett von größeren Tieren verabschieden, denn sonst sähe unser Speiseplan vielleicht wie in Wüstengebieten aus. In denen sind große Pflanzenfresser eher die Seltenheit. Hirsch und Kuh landen also seltener auf dem Teller als bei uns. Dafür aber Eidechsen. Gegrillt mit einem Schuss Zitronensaft sind sie eine Delikatesse. Als bestes Stück gilt der Schwanz, weil an dem das meiste Fleisch dran ist. Die Eidechse scheint das zu wissen – und daraus die richtigen Schlüsse gezogen zu haben. Bei Gefahr kann sie ihren Schwanz abwerfen, wird also nicht zur Gänze zur Mahlzeit. Diese Art der Verteidigung haben sie sich natürlich nicht für uns ausgedacht, sondern gegen ihre „natürlichen“ Feinde – die es schon viel länger auf der Erde gibt als uns. Der besondere Trick: Der Schwanz zuckt noch ein Weilchen, lenkt den Verfolger also auch noch ab. Wenn ich meine Beute fest im Blick habe und sie teilt sich plötzlich, dann verfolge ich in der Regel den Teil, der mir am nächsten ist. Und das ist der Schwanz, denn der rennt nicht mehr weg. Die kanadischen Nationalpark-Ranger haben sich diese Art der Verteidigung übrigens von der Eidechse abgeschaut. Sie tragen immer

Diese Rheinkurve wurde – glaubt man den alten Sagen – so manchen Schiffern zum Verhängnis. Die Mauereidechsen hatten auch damals schon freien Blick auf den Fluss. Und wohl auch auf die Dramen, die sich hier abspielten …

einen Rucksack, den sie im Fall eines Bärenangriffs fallen lassen. Der Rucksack bewegt sich zwar nicht mehr, aber ehe der eher tumbe Bär das bemerkt, ist der Ranger über alle Berge.

Sollten wir unseren Appetit irgendwann mal, mangels Alternativen, auf **Mauereidechsen** verlagern müssen, dann ginge es uns im Südwesten noch am besten – während der Rest der Republik hungern müsste. In Rheinland-Pfalz leben mit Abstand die meisten Exemplare. Das liegt erstens an der Wärme, die die Tiere zum Leben brauchen. Und zweitens liegt es an geeigneten Lebensräumen wie felsigen Hängen oder Steinmauern, auf denen die Sonnenbank direkt neben Versteckmöglichkeiten liegt. Und diese Landschaften finden man bevorzugt da, wo es auch dem Öchsle gut geht: in Weinbergen. Denn hier gibt's meistens auch genügend Asseln, kleine Spinnen, Tausendfüßler, Käfer, Ameisen; kurz: alles, was das Mauereidechsenherz begehrt. In Österreich ist beobachtet worden, dass sich Mauereidechsen auch die eine oder andere runtergefallene, angegorene Weintraube mopsen. Das heißt aber nicht, dass unsere Eidechsen genauso versoffen sind. Denn Mauereidechse ist nicht gleich Mauereidechse. Es gibt fünf Unterarten mit acht sogenannten „genetischen Linien". Und unsere ist ja vielleicht Abstinenzler.

Die Mauereidechse ist uns in einem Punkt eindeutig überlegen. Sie hat etwas, das junge Eltern gerne hätten: Ein Auge im Hinterkopf. Das

STECKBRIEF MAUEREIDECHSE

Wissenschaftlicher Name: Podarcis muralis, „schnellfüßiger Mauerbewohner"
Körperlänge: um die 7 cm
Schwanzlänge: um die 16 cm (d. h. knapp doppelt so lang wie der Körper)
Jungtiere: kommen zwischen Juni und August zur Welt
Gewicht: nur etwa 10 Gramm
Leibspeise: Fliegen, Insektenlarven, Spinnen etc. …
Lebenserwartung: knappe 6 Jahre

Das „Reptil des Jahres 2011" ist an geeigneten Stellen und bei geeigneter Witterung auch im Winter zu sehen. Ein paar Stunden Sonnenwärme reichen selbst im Januar.

sogenannte Scheitelauge liegt unter lichtdurchlässigen Schuppen. Es hat wie alle Augen eine Linse, eine Netzhaut und einen Sehnerv und dient dazu, hell und dunkel zu unterscheiden. Man kann zwar nicht sehen, ob der Nachwuchs einem hinter dem Rücken Streiche spielt. Aber man kann erkennen, ob sich was Großes nähert. Leider gibt's solche Scheitelaugen nur bei ursprünglichen Wirbeltieren. In vielen Situationen wäre so ein eingebauter Rückspiegel auch bei uns sehr nützlich. Ein Beispiel dafür, dass die Evolution nicht alles besser macht.

Der Mittelrhein ist 2002 von der UNESCO zum „Welterbe der Menschheit" geadelt worden. Die Bezeichnung „Welterbe Kulturlandschaft Oberes Mittelrheintal" stellt aber schon klar, dass es sich hier nicht um Wildnis, sondern eben um ein Kulturlandschaft handelt. Das heißt um eine Gegend, die seit mehr als 2000 Jahren von Menschen massiv verändert wurde. Den Titel verdankt man also nicht in erster Linie der Natur, sondern der Kultur und Geschichte. Trotzdem profitiert auch die Tierwelt davon, denn viele Arten brauchen Lebensräume, die vom Menschen gestaltet wurden. Auf schlau heißen diese Tiere „Hemerophile", das heißt, übersetzt, in etwa „Freunde des Kultivierten". Die tierischen Schöngeister legen Wert auf eine gepflegte Rheinromantik – offene Flächen, idyllische Felder und Weiden sowie lichte, aufgeräumte Wälder sind ihr bevorzugter Lebensraum. Und den finden sie am Mittelrhein in Hülle und Fülle. Feldhase, Hausmaus, Feldlerche, Kiebitz, Schwalben, Rabenkrähen, Turmfalken – sie alle profitieren von den Eingriffen des Menschen. Dichter Wald und echte „Outdoor-Wildnis" sind nicht ihr Ding. Solange Landwirtschaft, Siedlungen und Industrie nicht zu krass betrieben werden, kommen sie gut in unserer Nähe zurecht. Dabei kommt ihnen die Landschaft am Mittelrhein natürlich zupass. Denn in den Tal- und Hanglagen konnte der Umbau der Landschaft nicht so radikal betrieben werden wie auf dem platten Land. Während zum Beispiel in der Magdeburger Börde riesige Monokulturen oft nur noch eintönige Lebensräume bieten, liegen am Mittelrhein vielfältige, kleine Strukturen noch eng aneinander. Und das ist nicht nur fürs Auge schön, sondern für Tiere auch lebenswert. Sie müssen ihr Leben nicht in der öden Agrarsteppe fristen, sondern haben's schön.

Das Paradebeispiel sind vielleicht die Rheinhänge von der Burg Gutenfels bis zur Loreley. Eng an eng wurde hier Weinbau, Viehbeweidung, Acker- und Obstbau betrieben. Die Bewirtschaftung der mageren Böden sorgte dafür, dass die Hänge nicht mit Büschen und Bäumen überwuchert wurden. Und zahllose „Hemerophile" hier lebten. Ganz nebenbei bemerkt: Ohne den freien Blick von Felsen und Hängen auf den Rhein wäre auch das deutsche Liedgut um einiges ärmer. Wenn der Schiffer die blondgelockte Lorelei vor lauter Büschen nicht hätte sehen können, dann wäre Heinrich Heine wahrscheinlich eher unbekannt geblieben. Sein „Schwabenspiegel" ist nämlich längst nicht so eingängig wie „Ich weiß nicht, was soll es bedeuten, ...".

Bis Mitte der 90er-Jahre lohnte sich die schwierige und arbeitsintensive Bewirtschaftung der

Solche Ausblicke haben dafür gesorgt, dass der Mittlere Oberrhein zum Welterbe der Menschheit gehört. Und natürlich auch zum Welterbe von Mauereidechse & Co.

Hänge und Heiden aber nicht mehr. Sie „verbuschten", und mit dem Paradies ging es steil bergab. Dann wurden sie unter Naturschutz gestellt – und man arbeitete daran, die wertvolle Kulturlandschaft wiederherzustellen. Mit Erfolg. Heute leben wieder mehr als 650 Schmetterlingsarten in der Dörscheider Heide. Und auch wir Menschen profitieren. Wo man sich 1994 durchs dichte Gestrüpp hätte schlagen müssen, hat man heute wieder einen klasse Ausblick aufs Rheintal und die weidenden Ziegen. Die betreiben Naturschutz mit den Zähnen. Und sorgen dafür, dass die Heide wieder zu den „Hotspots der biologischen Vielfalt" gehört. Keine Wildnis, aber trotzdem tierisch wild.

So blöd sich das jetzt anhört: Selbst der Bau von Autobahnen kann der Natur ein kleines Türchen öffnen. Die Liebe der Tiere zum Automobilverkehr hält sich zwar aus nachvollziehbaren Gründen in Grenzen. Aber auf Umwegen kann es vorkommen, dass ungezügelte Bauwut auch mal was Gutes hat. Wie zum Beispiel beim Bau des Autobahndreiecks Nahetal. Um preiswert zu bauen, holte man sich Sand und Kies aus der benachbarten Mortkaute. Oder anders gesagt: Man erschuf die Mortkaue durch das Ausbaggern. Innerhalb von nur zwei Jahren füllten sich die Kiesgruben mit Wasser – und wurden schnell von Wasservögeln als perfekter Rastplatz entdeckt. Heute, nach mehr als einem Vierteljahrhundert, ist das Naturschutzgebiet ein fester touristischer Programmpunkt für durchziehende Zugvögel. Die hätten Bingen sonst links liegen lassen. Das ist eines der wenigen Beispiele, bei denen sich menschliche und tierische Mobilität durchaus gegenseitig beflügeln.

Weiße Westen und Gewitterfurzer

OBERRHEIN

Das Fernsehen ist voll von Dokumentationen über Tiere, die spannende Sachen machen oder was Tolles können. Löwen sind faszinierend, weil sie im Rudel jagen und beeindruckende Mähnen haben. Geparden sind rattenschnell, Schildkröten werden steinalt, Wale sind riesig, Elefanten haben ein gutes Gedächtnis. Dafür werden sie bewundert. Was wir aber ungern zugeben: Wir bewundern nur Tiere, die irgendwie auch cool aussehen. Davon profitiert selbst der Hai, der zwar furchterregend ist, aber genau deswegen auch ein bisschen in Mode gekommen ist. Und wenn die Tiere dann noch weit, weit weg wohnen, dann umso besser. Keiner hätte große Lust, von einem Löwen gefressen zu werden. Auch nicht, wenn der sich danach rührend um seinen süßen Nachwuchs kümmert.

Als Tier, das erstens hässlich ist und zweitens direkt neben uns wohnt, hat man's schwerer, liebgewonnen zu werden. Verirrt sich zum Beispiel ein Bär in die deutschen Alpen, dann droht der Untergang des christlichen Abendlandes. Die Fernseh-Dokumentation über Grizzlies in Alaska finden wir zwar faszinierend; so direkt vor die Haustür muss er aber auch nicht kommen. Dann wird in der Regel scharf geschossen. Fast noch schlimmer als solch eine massive Ablehnung, wie Braunbär „JJ" sie erfahren hat, ist es aber, wenn man den Leuten einfach nur egal ist. Dann gibt es noch nicht einmal eine eigene Fernsehsendung.

Das gilt zum Beispiel für den **Gelbrandkäfer**. Der kann laufen, fliegen, schwimmen und tauchen. Trotzdem rangiert er auf der Beliebtheitsskala eher unter ferner liefen. Der Gelbrandkäfer verbringt seine Höchstleistungen in eher ruhigen

Oft sind es ja die unscheinbaren Dinge im Leben, die die meisten Überschungen bieten. Der Gelbrandkäfer gehört zweifellos zu diesen „Dingen". Auch der schafft es irgendwie, mit dem Hintern zu atmen.

Gewässern. Genau der Art von Gewässer, die wir in der Vergangenheit gerne trockengelegt und abgeschafft haben. Der Rhein wurde begradigt, die Auen wurden entwässert. Mit fatalen Folgen für einen kleinen Kerl, der verdammt viel kann, aber eigentlich fast jedem egal war. Genau den gleichen Lebensraum wie der Gelbrandkäfer braucht der **Schlammpeitzger**. Noch wie von ihm gehört? Kein Wunder. In Dokumentationen taucht er noch nicht mal in Nebenrollen auf. Dabei kann er etwas, was sonst fast niemand kann! Auf der ganze Welt nicht. Er kann mit dem Hintern atmen! Das ist mal ein echtes Kunststück.

Wenn an heißen Tagen der Sauerstoff im Gewässer knapp wird, dann kommen andere Fische mit ihrer Atmung durch die Kiemen schnell an ihre Grenzen. Dem Schlammpeitzger macht das aber nichts. Er schluckt dann einfach Luft. Und die wird im Darm aufgenommen. Kann schon sein, dass diese Art der Atmung etwas anrüchig

Adressen

www.lebensader-oberrhein.de
Internetseite des Projekts, das sich im Rahmen des „Bundesprogramms Biologische Vielfalt" um den Oberrhein kümmert.

NABU-Naturschutzzentrum Rheinauen
An den Rheinwiesen 5
55411 Bingen
www.nabu-rheinauen.de

NABU-Naturschutzzentrum Karlsruhe-Rappenwört
Hermann-Schneider-Allee 47
76189 Karlsruhe
www.nazka.de

Der Schlammpeitzger im Porträt.

ist – sie funktioniert aber blendend. Der Rest der Luft wird dann auf ganz klassische Art und Weise ausgefurzt. Da das – genau wie bei uns – manchmal geräuschvoll getan wird, lautet der Spitzname des Schlammpeitzgers auch „Gewitterfurzer".

Der Pupsfisch kann aber noch mehr. Er atmet auch über die Haut, wenn die Luft über Hintern und Kiemen nicht reicht. Damit kann er dann sogar Strecken über Land zurücklegen. Oder sich monatelang im Schlamm eingraben, wenn das Gewässer austrocknet. Eigentlich ist er damit ein Alleskönner, der überall wachsen und gedeihen sollte. Dass dem nicht so ist, liegt an der Veränderung des Lebensraumes. Wo es früher am Rhein hunderte Nebenarme, Auen und Kleingewässer gab, haben wir uns die Landschaft nach unseren Bedürfnissen umgestaltet. Und diese Bedürfnisse gingen mit denen des Pupsfischs auseinander. Und nicht nur das. Eigentlich alle ursprünglichen tierischen Bewohner der Auenwälder fanden es

Bis zur großen Regulierung des Rheins war der Fluss ein eher träge dahin fließendes Gewässer, das sich ständig ein neues Bett suchte, neue Windungen und Umwege schuf.

Warum ausgerechnet die Nase dunkel bleibt, weiß niemand. Darunter das Hermelin im Sommerfell: Braun, aber sauber.

gut, so wie es war. Regelmäßige Überschwemmungen fanden vor allem wir Menschen – gelinde gesagt – nervend, weil das Land nicht durchgehend nutzbar war. Und weil Deutsche und Franzosen sich nie auf eine eindeutige Grenzlinie einigen konnten. Ständig standen andere Teile unter Wasser. Und wenn das Wasser zurückging, hatte sich der Fluss ein neues Bett gesucht. Bezeichnungen wie linksrheinisch und rechtsrheinisch änderten sich mitunter jedes Jahr. Den Tieren war das freilich egal.

Selbst landliebende Säugetiere konnten gut damit leben, dass ihr Zuhause regelmäßig unter Wasser stand. Dachse, Rehe, Wildschweine, Mäuse – alle können schwimmen. Und bringen sich bei Hochwasser in Sicherheit, ohne dabei in Panik auszubrechen. Klar allerdings, dass es bei besonders hohen Wasserständen immer wieder Todesfälle gab. Das Risiko war aber kleiner, als auf Bundesstraßen vom Auto erwischt zu werden oder seinen Auwald in einen Acker verwandelt zu sehen – und plötzlich heimatlos zu sein.

Ein Paradebeispiel für so ein Säugetier ist das große Mauswiesel – besser bekannt als **Hermelin**. Die können zwar nicht mit dem Hintern atmen, aber prima schwimmen. Und fühlen sich in Auenwäldern pudelwohl. Hier gibt es genügend Mäuse, Reptilien, Amphibien, Fische und Insekten – kurzum also genügend Nahrung. Und genügend alte Bäume oder Holzhaufen, in denen man wohnen kann. Auf solche Verhältnisse hat der Auwald zwar nicht das Monopol. Aber die Auwälder am Rhein waren immer sehr weit und ausgedehnt – das machte sie einzigartig. Sie waren für das Hermelin so etwas wie ein Exil.

Bevor die Römer die Hauskatze nach Europa brachten, waren Hermeline beliebte und an den Menschen gewöhnte Mäusejäger. Mit der Hauskatze kamen sie aus der Mode und wurden rausgeworfen. Beliebt blieb nur ihr Pelz. Das jungfräulich weiße Fell war Statussymbol von Päpsten, Kardinälen, Fürsten, Kaisern und Königen. Wer so einen Pelz um den Hals hängen hatte, der hatte es geschafft in der Welt der Menschen. Tröstlich für das Hermelin war nur, dass es sich nur im Winter in Acht nehmen musste. Denn nur im Winter ist sein Fell weiß. So weiß, dass die Legende entstand, dass das Hermelin eher stürbe, als sich das Fell zu verdrecken. Ein mittelalterlicher Ritterorden – der Hermelinorden – gab sich sogar den Wahlspruch „malo mori quam foedari" – lieber sterben als besudelt werden. Ganz von der Hand zu weisen wäre das nicht. Denn für eines der kleinsten Raubtiere Europas ist es wichtig, unsichtbar zu sein. Und das geht auf Schnee am besten mit weißer Weste. Nur ein sauberes Hermelin ist mithin ein sattes Hermelin. Lediglich die Schwanzspitze ist schwarz, aber nobody is perfect. Im Sommer wird das gesamte Fell, bis auf den Bauch, bräunlich. Damit taugt die Tarnung dann wieder in den Auenwäldern des Oberrheins.

Mit zum Lebensraum Oberrhein gehört der Schwetzinger Sand. Hier lagerte sich nach der

Die Altrheinarme bei Karlsruhe: Seit der Regulierung haben diese Seltenheitswert.

letzten Eiszeit, als die gerade erst eisfreien Gebiete schutzlos der Winderosion ausgesetzt waren, Sand aus anderen Teilen Europas ab. Das Ergebnis ist ein karger Boden, auf dem sich so etwas wie eine kleine Serengeti entwickelt hat. Und die ist ein brauchbarer Lebensraum für eines der spannendsten, wenn auch nicht gerade sympathischsten Tiere Europas – den **Ameisenlöwen**. Es fängt damit an, dass der Ameisenlöwe eigentlich gar kein eigenständiges Tier ist, sondern nur die Larve eines anderen Tieres – der Ameisenjungfer. Die ist aber einfach nur ein den Libellen ähnelnder „Netzflügler", während der Löwe wirklich spannend ist.

Was seinen Lebensunterhalt angeht, benimmt er sich wie eine Spinne. Nur dass er es nicht hinkriegt, ein Netz zu bauen. Er produziert zwar Spinnseide, braucht die aber nur, um sich seinen Kokon zu verpuppen. Zum Netzbau taugt sie nicht. Diese handwerkliche Unfähigkeit gleicht der Ameisenlöwe aber jetzt durch einen grandiosen Einfallsreichtum aus. Er baut einen Fangtrichter. In Nullkommanix hat er sich eingegraben und lauert am Grunde des Trichters auf kleine Krabbler, die vom Rand des Trichters in die Tiefe rutschen. Wer sich nun in solch einer misslichen Lage befindet, hat nur eine Chance: Den toten Mann machen.

Der pummelige Ameisenlöwe verwandelt sich wie das hässliche Entlein in eine wunderschöne Ameisenjungfer.

Wer sich tot stellt und keine Regung zeigt, wird vom Ameisenlöwen nicht als Nahrung erkannt – und aus dem Trichter geworfen. Aber so viel Nerven zeigen verständlicherweise die wenigsten. Zumal man ja auch nie wissen kann, dass es sich bei der Rutschpartie um eine ausgeklügelte Falle handelt.

Das perfekt auf Sandböden angepasste Leben hat übrigens dafür gesorgt, dass der Ameisenlöwe nicht nur am Oberrhein, sondern sogar in richtigen, echt trockenheißen Wüsten zurechtkommt. Biologisch gesehen hat sich der Ameisenlöwe zu einem Nischendasein entschlossen. Glücklicherweise hat er sich dabei für eine der größten Nischen der Welt entschieden. Damit hatte er ein glücklicheres Händchen als zum Beispiel der Panda, der vornehmlich auf Bambus angewiesen ist – und den gibt es erheblicher seltener als Sand. Ganz nebenbei: Die Unterscheidung zwischen dem jugendlichen Ameisenlöwen und der erwachsenen Ameisenjungfer scheint eine eher pedantische deutsche Eigenart zu sein. In Afrikaans zum Beispiel heißt das Tier einfach Mierleeuw, Ameisenlöwe. Auch wenn es am Ende des Lebens für ein paar Wochen Flügel bekommt.

Ein extrem sympathischer Bewohner der Rheinauen ist die **Nutria**. Wobei das „die" fragwürdig erscheint. Man war sich nicht sicher, ob das Tier eher wie „der" Biber" anzusehen ist oder wie „die" Ratte. Mal nennt man den/die Nutria Biberratte, mal Sumpfbiber. Böse Zungen sagen auch Hollandbiber – wegen der orangefarbenen Zähne. Oder auch Samba-Ratte, wegen der südamerikanischen Herkunft. Um jeglicher Verwirrung aus dem Weg zu sehen, entscheiden wir uns jetzt einfach mal für „das" Nutria.

Also, das Nutria stammt aus Südamerika und wurde als Pelztier in Europa eingeführt. Mit den Fellen konnte so viel Geld gemacht werden, dass selbst Schweinebauern mal eine Box freimachten, weil mit dem Pelz mehr Geld zu machen war als mit dem Speck. Und das abgezogene Nutria konnte man auch noch essen. In DDR-Gefängnissen gehörte „Nutria mit Pellkartoffeln" anscheinend zum Standardmenü sozialistischer Köche.

Nutrias sind reine Vegetarier und kommen schon deshalb mit ihren tierischen Nachbarn am Rhein und anderswo gut zurecht. Eine kleine Konkurrenz gibt es allerdings zu Bisamratten. Bei denen ist man sich sicher, dass es Ratten sind – und mag sie nicht. Das liegt unter anderem daran, dass sie Ufer und Deiche untergraben und damit Schäden verursachen. Deshalb ist es den Wasserbauern meist ganz recht, wenn das dicke Nutria

Sieht aus wie ein Biber – ist es aber nicht. Nutrias fällen keine Bäume.

STECKBRIEF NUTRIA

Wissenschaftlicher Name: Myocastor coypus (aus der Familie der Stachelratten, obwohl das Fell wirklich weich ist)

Gewicht: bis zu 10 kg

Größe: über 1 m inkl. Schwanz

Alter: bis zu 10 Jahre

Nachteil: Halten keinen Winterschlaf. In harten Wintern kommt es deshalb zu Bestandseinbrüchen.

Besonderheit: Leben im Gegensatz zum Biber nicht in der Kleinfamilie, sondern in einem Bullerbü mit mehreren Kleinfamilien.

die kleinere Bisamratte aus dem Revier verdrängt. Darüber hinaus leidet es im Gegensatz zum Biber nicht an einer ungezügelten Bauwut, fällt also keine Bäume. Und wäre damit ein idealer Kandidat, auf unserer Beliebtheitsskala ganz oben zu stehen. Wäre da nicht der Schwanz. Der ähnelt nämlich sehr dem einer Ratte. Was übrigens die sicherste und einfachste Unterscheidung zum Biber darstellt. Selbst auf große Entfernung sieht man den Rattenschwanz. Gleichwohl ist das Internet voll von Biberfotos, auf denen aber eigentlich ein Nutria mit orangefarbenen Zähnen in die Kamera lächelt. Also doch Sumpfbiber – also „der" Sumpfiber.

Bei einem anderen Tier gibt es keine Namensverwirrung – beim **Ochsenfrosch**. Der ist auch unfreiwillig aus Amerika nach Europa verschleppt worden. Benimmt sich aber im Gegensatz zum Nutria wie eine offene Hose. Die schweren und großen Tiere fressen alles, was sie überwältigen können. Und dazu gehören vor allem einheimische Amphibien. Und das fängt nicht erst an, wenn die Ochsenfrösche groß sind. Schon die Kaulquappen sind gefürchtete Jäger, die bei ihrem ersten Auftreten am Oberrhein um die Jahrtausendwende ganze Gewässer von heimischen Tieren leergefegt haben. Der Presse konnte man damals entnehmen, dass ein Zoohändler, der sein Geschäft aufgab, die Kaulquappen in einem Seitenarm des Rheins „entsorgte". Als dann noch „faustgroße Kaulquappen Badegäste anlutschten", war allen klar, dass wir ein Problem haben.

Und das liegt daran, dass der Ochsenfrosch bei uns keine natürlichen Feinde hat. „Natürliche Feinde" ist immer die schöne Umschreibung für jemanden, der einen anderen auffrisst. Insofern betrachtet ist es eigentlich schade, dass Froschschenkel ein wenig aus der Mode gekommen sind. Hier böte sich eine Chance, Naturschutz mit den

Ochsenfrösche wurden dabei gefilmt, wie sie eine kleine Maus verspeisten. Ein Nutria würde aber nicht reinpassen.

Zähnen zu betreiben. Und zwar nicht mit kleinen Delikatess-Häppchen, sondern zum Sattwerden. Die Chancen stünden aber selbst dann eher schlecht, den „Monsterfrosch" wieder loszuwerden. Als das Tier bei uns eingeführt wurde, da tat man das ja gerade, um ihn auf den Teller zu bringen. Die Lehre daraus: Wir haben einfach nicht genug gefressen; ungezügelte Völlerei wäre die Lösung gewesen! Vielleicht ist es Zeit, im unvermeidlichen Frühlings-Diätwahn der Modemagazine statt der „Bier-Salat"-, „Low carb"- oder „Geflügelpesto"-Diät mal eine „American bullfrog"-Diät abzudrucken. Das würde vielleicht noch helfen. Stattdessen werden jedes Jahr noch mehr als 5 000 000 kg Froschschenkel nach Europa importiert. Und diese Tiere kommen aus Ländern wie Indonesien, in denen die Frösche heimisch sind und wahrscheinlich gerade Opfer eines Raubbaus an der Natur werden.

Irgendwie endet es oft bitter, wenn wir Menschen als „Super-Raptor" ins natürliche Geschehen eingreifen. Aus diesem Grund ist es ein Fest, dass der Oberrhein gerade in den vergangenen Jahren in Sachen Naturschutz durchgestartet ist. Zahllose Projekte wurden angeleiert, um den vielen negativen Eingriffen in die Natur positive entgegenzusetzen.

STECKBRIEF OCHSENFROSCH

Wissenschaftlicher Name: Rana catesbeiana
Gewicht: bis zu 500 Gramm, manchmal über 1 kg
Größe: bis zu 20 cm (allein durch seine Größe kaum zu verwechseln)
Beine: bis zu 25 cm lange Hinterbeine
Quappe: ist allein schon über 10 cm lang
Nachwuchs: bis zu 25 000 Eier
Besonderheit: Hinter den Augen liegen die riesigen Trommelfelle – und sehen aus wie ein zweites Augenpaar.

Der Taubergießen.

Teufelsschwalben und fromme Schrecken

KAISERSTUHL

Der Kaiserstuhl ist, wenn man mal ehrlich ist, eine seltsam aussehende Kreuzung aus Kilimandscharo und Machu Picchu. Mit dem höchsten Berg Afrikas verbindet ihn, dass er alleinstehend aus einer flachen Landschaft aufragt. Der Ruinenstadt in den Anden ähnelt er wegen seiner Terrassen. Die wurden in beiden Regionen aus den gleichen Gründen angelegt: Um die Auswaschung des fruchtbaren Bodens zu verhindern. Am Kaiserstuhl bestand die Gefahr vor allem dadurch, dass der Löss, entstanden aus angewehtem Staub, sehr erosionsanfällig ist. Gleichzeitig halten die Terrassen das Regenwasser fest, das sonst talabwärts unnütz verloren ginge. Und das wäre in einer der regenärmsten Gegenden Deutschlands fatal gewesen. Der Kaiserstuhl ist ein sogenannter Gunstraum, was die Temperaturen angeht. Durch die burgundische Pforte strömt viel warme Luft in die Region. Das macht sie zusammen mit den moderaten Regenmengen ideal für den Obst-, vor allem aber für den Weinbau. Das heißt, kurz gesagt, hier geht's dem Öchsle gut. Das ist zwar kein Tier, aber trotzdem.

Der Kaiserstuhl ist eine Gegend, die auf wärmeliebende Tierarten eine nahezu magnetische Anziehungskraft ausübt. Das traf nicht überall auf Gegenliebe. Zum Beispiel bei der Teufelsschwalbe. Bis 1888 wurden deren Eier und Bruthöhlen zerstört, ausgewachsene Vögel getötet. Die Bekämpfer der Teufelsschwalbe könnten sich gefühlt haben wie die Retter des christlichen Abendlandes, verhinderten sie doch so, dass sich der Vogel in Mitteleuropa ausbreiten konnte. Denn ihr einziger Zugang aus dem Mittelmeerraum Richtung Norden führte hier vorbei. Und durch die Zerstörung der Kolonie am Kaiserstuhl beseitigte man den wichtigsten Trittstein. Europa war gerettet – vor dem **Bienenfresser**, so lautet sein eigentlicher Name.

Der martialische Name und seine Ernährung mögen ein Grund dafür gewesen sein, ihn nicht mit offenen Armen zu empfangen. Der Bienenfresser frisst bevorzugt Bienen, Wespen, Hummeln, Libellen und Käfer – alles, was fliegt. Das mit den Bienen wurde ihm aber übel genommen, galten die doch schon seit den alten Griechen als nützlich. Dass die „alten Griechen" hier erwähnt werden, ist natürlich ein alter Hut. Immer, wenn man betonen will, etwas sei althergebracht, logisch und

Hätte man den Bienenfresser direkt „Wespenfresser" genannt, wäre er wahrscheinlich beliebter gewesen.

Auch Höhlenbewohner können perfekte Kavaliere sein. Bienenfresser gewinnen die Liebe ihrer Angebeteten mit geschmackvollen Morgengaben.

sinnvoll, dann beruft man sich gerne auf sie. Galten sie doch als frühestes Kulturvolk. So ganz stimmt das aber nicht. Auch in Baden-Württemberg gab es schon richtige Städte, als man selbst in Athen noch in Lehmhütten wohnte. Ein Beispiel ist die Heuneburg an der oberen Donau. Die war eine voll entwickelte Stadt mit Stadtmauer und allem drum und dran. So wie man sich aus heutiger Sicht vielleicht Troja vorstellt. Und wenn es solch ein Zentrum an der verkehrsgünstigen Donau gab, ist es mehr als unwahrscheinlich, dass es etwas Ähnliches auf einem Bergmassiv am ebenso verkehrsgünstigen Rhein nicht gegeben haben soll. Wir haben es nur nicht aufgeschrieben – da waren die Griechen uns voraus.

Aber zurück zu den **Bienen**. Die wurden wegen ihres Honigs geschätzt. Der war erstens eine Leckerei, zweitens konnte man damit Nahrungsmittel konservieren, und drittens eignete er sich hervorragend, um sich einen gepflegten Rausch anzusaufen. Denn Honigwasser fängt irgendwann an zu gären – und es bildet sich Met. Bevor sich das Bierbrauen und der Weinanbau durchsetzten, war Honigwein das beliebteste Rauschmittel. Deshalb ist folgende Ver-

STECKBRIEF BIENENFRESSER

Wissenschaftlicher Name: Merops apiaster („Bienenspecht")

Aussehen: als wären sie in einen Farbtopf gefallen

Größe: knapp 25 cm

Wohnung: gräbt sich wie der Eisvogel Bruträhren in weiche Hänge oder Steilufer. Im Gegensatz zum Eisvogel brütet er aber in Kolonien – ist also irgendwie geselliger.

Brutzeit: meist im Mai und Juni

Besonderheit: Knetet seine Beute durch, um das Gift aus dem Körper zu pressen. Erst dann wird die Beute gefressen, an die Kinder verfüttert oder einem Weibchen als Geschenk dargebracht.

Imposante Bergterrassen gibt's nicht nur in den Anden.

Ehestifter für Bienenfresser.

mutung wahrscheinlich nicht ganz unberechtigt: Wäre Met auch heute noch das einzig in Massen verfügbare alkoholische Getränk, dann hätten wir sehr viel entschlossener auf das Bienensterben der vergangenen Jahre reagiert. Beim Alkohol hört der Spaß schließlich auf. Aber da Honig heute eher als Süßigkeit gilt, belächelte man die Mahner als übertrieben hysterische Birkenstockträger, die den Teufel an die Wand malen.

Die Honigbiene ist aber nur eine unter vielen. Fast 300 verschiedene Bienenarten leben am Kaiserstuhl. Entsprechend groß ist die Auswahl für den Bienenfresser. Und entsprechend klein sein negativer Einfluss auf die Honigernte der Menschen. Irgendwann im Laufe der letzten 100 Jahre hatte man offensichtlich ein Einsehen und die Vokabel Teufelsvogel verschwand aus unserem Sprachschatz. Ein Grund dafür war sicherlich, dass mittlerweile auch andere Süßstoffe preiswert und in großen Mengen produziert und importiert wurden. Und die Honigbiene ihr Monopol verloren hatte.

Ab und an schauten jetzt mal ein paar einzelne Bienenfresser bei uns vorbei, ohne dass ihnen was Schlimmes passierte. Die relative Sicherheit, das Vorhandensein der weichen Lösswände als Wohnmöglichkeit und das milde Klima müssen sich bei den Bienenfressern rumgesprochen haben, denn ab 1990 kamen sie in großer Zahl an den Kaiserstuhl. Und dabei haben die zahlreichen Bienenarten wohl auch keine unwichtige Rolle gespielt. Von hier aus hat er dann das getan, was ihm 1888 noch verwehrt wurde: die Wanderung nach Norden angetreten. Mittlerweile sind die

In Spanien genießt sie hohes Ansehen. Sie ist nach der Schutzpatronin Spaniens benannt: Santa Teresa.

Hat nur in wenigen Sprachen einen solch klangvollen Namen wie im Deutschen. In den meisten Ländern heißt sie einfach „die Zweistreifige".

Tiere schon knapp 200 km rheinaufwärts gewandert, werden also irgendwann auch Nordrhein-Westfalen erreichen.

Denselben Weg hat eine andere Tierart angetreten, die ebenfalls die Wärme liebt: die **Gottesanbeterin**. Sie stammt eigentlich aus Afrika, hat aber schon vor Jahrhunderten den Sprung übers Mittelmeer nach Norden geschafft. Während sie dort aber überall ihr Auskommen findet, ist sie bei uns auf Wärmeinseln wie den Kaiserstuhl angewiesen. Das Tier selbst könnte durchaus Kälte aushalten. Aber der Nachwuchs ist im Frühjahr auf genügend Futter angewiesen – und das gibt's nur in warmen Gegenden. Kurios ist, wie viel Kälte und Hitze die Gottesanbeterin aushalten kann. Zumindest die Eier. Die halten Frost von bis zu –43 °C aus, in Sachen Hitze überstehen sie sogar mehrere Minuten Feuer, ohne Schaden zu nehmen. Am Kaiserstuhl ist das nicht ganz unwichtig, da die Böschungen im Winter gerne „gebrannt", das heißt mit Feuer gepflegt werden. Das hört sich jetzt nicht unbedingt nach Naturschutz an, ist es aber durchaus. Ähnlich werden in kanadischen Wäldern oder Heiden kleine Brände gelegt, um die Landschaft von der „Wolle" zu befreien, die sonst alles zuwuchern würde. Nach dem Brand haben viele Pflanzen und Tiere wieder „Luft zum Atmen".

Wer die Gottesanbeterin beobachten will, muss sie erst mal finden. Und das ist bei einem Tier, das nicht gesehen werden will, nicht einfach. Es tarnt sich perfekt als Ast, bewegt sich keinen Millimeter. Chancen hat man aber an Sonnenhängen zwischen Juni und August. Man muss nur Geduld haben – und genau den Moment abpassen, wenn sie sich bewegt.

Das ist bei der **Smaragdeidechse** schon ein bisschen einfacher. Ihr Aussehen will als Tarnung nicht so recht funktionieren. Sie ist die größte Eidechse, die wir bei uns haben. Und sie ist ziemlich

Adressen

Naturzentrum Kaiserstuhl
Bachenstraße 42
79241 Ihringen
www.naturzentrum-kaiserstuhl.de
Internetseite des Naturzentrums mit Infos zu Führungen und Öffnungszeiten.

Die Bezeichnung „Eidechse" kommt ursprünglich von „laufende Schlange".

farbenfroh. Aber selten ist sie eben auch, was eine Begegnung wiederum zu einem echten Glücksfall macht.

Laut Alfred Brehm sind Smaragdeidechsen ebenso klug, schön, beweglich wie bewundernswert. Und sie haben eine Eigenschaft, die sich fast schon einzigartig macht. Sie kann bei uns Menschen Städter und Landeier unterscheiden: „Die Smaragdeidechse unterscheidet und beurtheilt gar wohl einen schwer belasteten Landmann und läßt ihn, ohne ihre Lage zu ändern, an sich vorübergehen, während sie bei Ansichtigwerden des Städters schon aus weiter Ferne sich zurückzieht."

An Kaiserstuhl und Tuniberg schätzen die Tiere nicht nur den schwer beladenen Landmann, sondern auch die Wärme, die relative Trockenheit und die Landschaft. Es gibt genügend mürben Boden, in dem man überwintern kann. Und es gibt sonnige Weinhänge neben reich strukturierten Wiesen, in denen man sich verstecken kann. Und wird weitgehend in Ruhe gelassen – und das mag sie am meisten.

STECKBRIEF SMARAGDEIDECHSE

Wissenschaftlicher Name: Lacerta bilineata und Lacerta viridis (Die westliche und östliche Smaragdeidechse werden erst seit etwas mehr als 20 Jahren unterschieden. Vorher ging man davon aus, dass es sich um eine Spezies handelt. Man lernt halt nie aus.)

Länge: bis zu 40 cm (inkl. Schwanz, der allein bis zu etwa 25 cm lang ist)

Gewicht: gerade mal 50 Gramm

Alter: bis zu 8 Jahre

Beobachtung: am aktivsten und sichtbarsten zwischen Mai und August

Tendenz: Viele Vorkommen im Südwesten sind erloschen. Die Tiere an Kaiserstuhl und Tuniberg sind sogenannte „Restvorkommen". Ähnlich isolierte Vorkommen gibt es in Rheinland-Pfalz (Mittelrhein, Mosel, Nahe).

Cäsars Elche und Kuckuckskinder

NATURPARK SÜDSCHWARZWALD

„Sunt item, quae appellantur alces … His sunt arbores pro cubilibus; ad eas se adplicant atque ita paulum modo reclinatae quietem capiunt … Huc cum se consuetudine reclinaverunt, infirmas arbores pondere adfligunt atque una ipsae concidunt.“

So beschrieb Julius Cäsar vor mehr als 2000 Jahren eine Tierart, die typisch für den herkynischen Wald war. Der immergrüne, undurchdringliche Wald rechts des Rheins war für ihn ein Grund, den Germanienfeldzug abzubrechen. Er sah es als vorerst hoffnungslos an, sich da erfolgreich durchschlagen zu können und gegen Natur und Germanen kämpfen zu müssen. Das Tier, das er beschrieb, gab ihm aber Hoffnung, dass man wohl bald einen Versuch starten könne. Im Text geht es um den **Elch** – und wie er von den Germanen gejagt wird. Cäsar wusste als gebildeter Mensch natürlich, dass Elche keine Kniegelenke haben. Folglich können sie sich zum Schlafen nicht hinlegen, sondern müssen sich dösend an Bäume lehnen, um auszuruhen. Die schlauen Germanen nutzen das aus: Sie sägen die Bäume an. Und wenn sich dann ein Elch zum Schlafen an den Baum lehnt, dann fallen Elch und Baum zusammen um und können eingesammelt werden wie Fallobst. So weit der damalige Stand der biologischen Erkenntnisse zum Elch.

Cäsar war ein meisterhafter Stratege. Er rechnete fest damit, dass die Germanen den undurchdringlichen Wald bald selbst abgeholzt haben würden; ihre Gier nach Elchfleisch würde ihnen zum Verhängnis werden. Dieser großartige Plan scheiterte lediglich an einer Kleinigkeit: Offenbar schätzte Cäsar den Bestand an Elchen zu hoch ein; es wurden weniger Bäume gefällt als erwartet.

Aus heutiger Sicht klingt die Beschreibung der Elchjagd der Germanen natürlich absurd. Erstens hat der Elch selbstredend gut funktionierende Kniegelenke, und zweitens waren die Germanen keine Umweltsäue, die ganze Wälder abholzten, um ihren Fleischbedarf zu decken (diese Form der Fleischbeschaffung haben wir erst in den vergangenen 50 Jahren eingeführt – und vernichten seither ganze Urwälder, um genügend Weideflächen für Billigfleisch zu schaffen).

Mittelfristig hatte Cäsar aber recht! Zu 100 Prozent! Ein Treppenwitz der Weltgeschichte ist es nämlich, dass aus falschen Erkenntnissen und der Kombination völligen Blödsinns trotzdem richtige Vorhersagen entstehen. Und der Zusammenhang zwischen Elchen und abgeholzten Wäldern erscheint im Nachhinein fast schon zwingend. Wann wurde der Elch bei uns ausgerottet? Im 18. Jahrhundert! Wann wurde der Schwarzwald fast komplett entwaldet? Im 18. Jahrhundert! Für Verschwörungstheoretiker ist das eine Steilvorlage. Zwei Vorgänge, die miteinander zu tun haben (oder auch nur zeitgleich passieren), werden als Ursache und Wirkung interpretiert. Dass die Abholzung eher damit zu tun hatte, dass man grandiose Mengen als Holz zur Metallverarbeitung, zum Schiff- und Städtebau brauchte? Alles egal. Die Elchgeschichte ist einfach zu schön, um übergangen zu werden.

Genauso ist es mit dem Zusammenhang zwischen Weißstorch und Geburtenrate. In den 60er-Jahren nahm der Bestand an Weißstörchen in

Die Wasseramsel kann auch richtig tauchen.

Viele Eltern kennen das: Der Nachwuchs wächst einem über den Kopf. Und man hat ihn trotzdem lieb!

als der Kuckuck dasjenige Tier ist, das auf der ganzen Welt am engsten mit einer Region in Verbindung gebracht wird. Schwarzwald ohne Kuckuck geht nicht! Dabei ist es natürlich grotesk, dass die unzähligen verschiedenen Schwarzwalduhren immer auf die mit dem Vogel reduziert werden. Auf Swahili zum Beispiel, der Lingua franca Ostafrikas, wird „Schwarzwald“ mit „msitu mweusi“ übersetzt – also „Wald“ und „schwarz“. Die Übersetzung für „Schwarzwalduhr“ ist aber mitnichten „msitu mweusi saa“, sondern „Kuckucksuhr“. Das mag allen, die im Schwarzwald komplett vogelfreie Uhren herstellen, bitter aufstoßen. Ist aber ein Markenzeichen, das den Schwarzwald weltberühmt gemacht hat.

Unzweifelhaft ist, dass heute deutschlandweit weitaus mehr Kuckucke in Uhren wohnen als in der freien Natur. Das liegt vor allem daran, dass durch den Einsatz von Pestiziden die Nahrung knapper geworden ist. Maikäfer und andere Insekten wurden bekämpft und stehen nicht mehr

STECKBRIEF KUCKUCK

Wissenschaftlicher Name: Cuculus canorus („Der Wohlklingende“)
Spannweite: bis zu 60 cm
Länge: etwa 30 cm plus Schwanz (noch mal 15 cm)
Gewicht: 100 bis 140 Gramm
Wanderung: Er ist ein Langstreckenzieher (bis ins südliche Afrika)
Besonderheit: Sie bekommen das Timing besser hin als zum Beispiel Störche. Die Männchen erreichen knapp eine Woche vor den Weibchen die Heimat – wenn die möglichen Adoptiveltern für den Nachwuchs schon da sind.

Deutschland dramatisch ab. Gleichzeitig sank die Geburtenrate. Mithin bestätigt die Wissenschaft die Geschichte vom Klapperstorch. Ohne Störche kein Nachwuchs. Wenn Sie jetzt einwenden, dass es vielleicht doch eher an der Antibabypille gelegen haben könnte – Blödsinn! Denn Ähnliches ist auch schon vorher in der Geschichte geschehen. 1139 verschwand der letzte Weißstorch vom „mons vaticanus“, einem der sieben Hügel Roms. Und seither ist die Geburtenrate hier gleich null, zero, nada. Denken Sie mal drüber nach! Wenn Sie jetzt noch ignorieren, dass im Jahr 1139 die priesterliche Ehelosigkeit erfunden wurde, dann ist der Zusammenhang einleuchtend und eindeutig bewiesen.

Den Zusammenhang zwischen Geburtenrate und dem Bestand von Vogelarten hätte man im Schwarzwald genauso gut mit einem anderen komischen Vogel herstellen können: dem **Kuckuck**. Auch dessen Bestand ist seit den 1960er-Jahren dramatisch gesunken. Das ist umso bedauerlicher,

Hier sterben Bäume an Altersschwäche – und nicht an der Kettensäge.

so reichhaltig zur Verfügung wie früher. Das geht vielen Vögeln so, nicht nur dem Kuckuck. Für diesen aber ist es schlimmer. Das liegt an seiner ausgeklügelten Strategie der Kinderaufzucht. Für die braucht er nämlich geeignete Adoptiveltern, die seinen Nachwuchs durchfüttern. Und je weniger es so genannte „Wirtsvögel" gibt, desto seltener ergibt sich die Möglichkeit, ihnen ein Kind unterzuschieben.

Es ist sowieso verwunderlich, dass diese Taktik funktioniert. Brütet zum Beispiel ein Rotkehlchenpaar, dann legt der Kuckuck in Windeseile sein Ei zu den anderen ins Nest. Der Kuckuck schlüpft als Erster und wirft seine Adoptivgeschwister aus dem Nest. Auf diese Art zum Einzelkind geworden, wächst und gedeiht der Kuckuck in rasantem Tempo. Nach nur einer Woche ist der Kleine größer als die Großen. Und sieht auch ganz anders aus. Das scheint die Rotkehlchen-Eltern aber nicht im Mindesten zu stören. Es mag schon sein, dass das Männchen seiner Frau den einen oder anderen misstrauischen Blick zuwirft und einen Verdacht hat … Aber das trennt das Riesenküken nicht von seiner Vaterliebe. Er opfert sich für seinen vermeintlichen Nachwuchs auf und schafft viel mehr Futter ran, als er für seinen eigenen gebraucht hätte. Ohne auch nur einen Ton zu verlieren.

Die Frage, die sich stellt, ist aber folgende: Warum zieht der Kuckuck seine Kinder nicht selbst auf? Faulheit? Keine Lust, wochenlang im Nest hockend zu brüten? Das würde sich mit menschlichem Verhalten decken, wo die zeitraubende Kinderaufzucht als Karrierebremse empfunden wird. So gesehen haben wir uns den ganzen Kita-Ausbau beim Kuckuck abgeschaut. Der macht das seit Jahrtausenden so. Und daran ist auch nichts Verwerfliches! Versetzen Sie sich mal in die Lage eines Kuckucks. Der hat die Erfahrung gemacht, dass Rotkehlchen zwar mickrig aussehen (im Vergleich zu ihm selbst), aber prima und erstklassige

Schau mir in die Augen, Kleines. Ich bin giftig.

Auch wenn es vielen nicht in den Kram passt: Hier wurde die Kuckucksuhr nicht erfunden, sondern in Polen. Wir haben die Idee nur geklaut.

Tagesmütter sind. Was liegt also näher, als dem eigenen Nachwuchs eine ebensolch tolle Kindheit zu ermöglichen?! Daran ist nichts Schlechtes. Für die Rotkehlchen an sich ist das Kuckucksei übrigens auch kein Problem. Weniger als 1 % der Paare werden Adoptiveltern. Und das liegt unter den geschätzt 2 % der Fälle, in denen menschliche Väter ein Kuckuckskind untergeschoben bekommen. So unähnlich sind sich Mensch, Rotkehlchen und Kuckuck also nicht.

Ein echtes Monopol hat der Südschwarzwald bei zwei Tierarten, die zwar nicht verwandt sind, sich aber irgendwie ähnlicher sehen als das Rotkehlchen und sein Nachwuchs. Es geht um den Badischen **Riesenregenwurm** und die **Aspisviper**. Letztere hat hier ihre letzten Refugien in Deutschland, auf Erstere haben wir sogar das Weltmonopol.

Die Aspisviper spart sich wie alle Schlangen die Mühen der Jungenaufzucht, geht also möglichem Ärger mit Kuckuckskindern aus dem Weg. Oder besser: Die Kinder legen keinen Wert auf so was wie Erziehung und Nestwärme. Direkt nach der Geburt machen sie sich vom Acker und sorgen für sich selbst. Daraus zu schließen, dass der Nachwuchs undankbar wäre, ist aber falsch. Sie wollen ihren Eltern einfach nicht zur Last fallen. Und sind ganz gut in der Lage, selbst für sich zu sorgen. Trotz aller Lebenstüchtigkeit scheint ihre Anwesenheit im Südschwarzwald ein Rückzugsgefecht zu sein. Ihr Revier ist gerade mal etwas über 2 km^2 groß. 2 km^2, die wie eine Insel sind. Aspisvipern brauchen menschenferne, warme und trockene Lebensräume. Der Bestand bei uns ist ein Restbestand der letzten Warmzeit, in der sich selbst Schlangen, die nicht so gut zu Fuß sind, gut ausbreiten konnten. Heute aber sind die mediterranen Ecken echte Ausnahmen. Und die Vipern sind vom Klima auf ihrer Insel regelrecht festgenagelt worden. Dazu kommt natürlich, dass sich Giftschlangen nicht unbedingt einer großen Beliebtheit erfreuen. Traditionell galt es als opportun, solche

Der Schwarzwald ist das idyllische Gegenmodell zur Agrarsteppe im Flachland.

Ein gefiederter Held: die Wasseramsel.

Ob eine Amsel so eine Portion schaffen würde?

tierischen Nachbarn zu erschlagen. Man starb zwar nicht an einem Biss. Vergnüglich war es aber auch nicht gerade.

Die Schlange an sich steht uns da weit offener gegenüber. Sie weiß um ihr Gift und dass sie uns damit schaden kann. Allerdings wäre sie ganz schön blöd, ihr Gift mutwillig gegen uns einzusetzen. Ihr Gift braucht sie nämlich, um kleine Tiere zu betäuben oder zu töten. Und die muss sie dann, weil sich ihr Gebiss nicht zum Kauen eignet, in einem Haps runterschlucken. Dabei kann die Schlange zwar auch so große Tiere runterschlingen, dass sie sich wochenlang nicht bewegen kann. Aber einen Menschen würde sie nicht runterbekommen. Das weiß sie. Und sie weiß auch, dass sie ihr Gift damit an uns verschwenden würde. Und das würde bedeuten, dass sie so lange hungern muss, bis sie wieder genügend Gift produziert hat, um wieder passende Happen erbeuten zu können. Das heißt jetzt nicht, dass man sich Giftschlangen unbedenklich nähern kann. Genau wie beim Menschen gibt es auch unter Schlangen Typen, mit denen nicht gut Kirschen essen ist. Die genervt reagieren, wenn man ihnen auf die Pelle rückt. Ihre Ruhe ist ihnen in dem Moment wichtiger als die nächste Mahlzeit. Logisch ist das zwar nicht, aber nachvollziehbar. Deshalb: Abstand halten.

Weniger furchterregend ist da der Badische Riesenregenwurm. Der wird fast so groß wie eine Aspisviper (maximal 60 cm), beißt aber mangels Zähnen nie. Im Gegensatz zu anderen Regenwürmern, seinen zwergenhaften Brüdern, kommt er mit sauren Böden zurecht. Und die findet man im Fichtenwald. Dass der Badische Riesenregenwurm nur hier vorkommt, hat ähnliche Gründe wie bei der Aspisviper. Er ist in seinem Lebensraum festgenagelt. Warum er so riesig geworden ist, kann man noch nicht sagen. Man forscht noch. Wer diese Forschung jetzt überflüssig findet, dem sei in Erinnerung gerufen, dass die Krönung im wissenschaftlichen Leben von Charles Darwin die Erforschung der Regenwürmer war. Und ihm verdanken wir schließlich die Evolutionstheorie. Regenwürmer sind wichtig!

Ganz besondere Lebensräume sind die Schluchten des Südschwarzwalds. Die beeindruckendste ist die Wutachschlucht. Zumindest, wenn man dem Royal Fishing Club aus London glaubt. Für den war die Wutachschlucht das beste Forellengewässer der ganzen Welt. Zudem traf die Schlucht mit ihrer Umgebung genau den Geschmack der Zeit. Rhein-Romantik und idyllische Wildnis waren in der zweiten Hälfte des 19. Jahrhunderts absolut in. Durchgeknallte bayerische Könige ließen sich verspielte Prunkschlösser bauen, preußische Könige liebten die wagnerianischen Rheinlandschaften der Nibelungen – und Engländer fanden die Allianz von badischer Forelle und romantischer Wildnis geradezu bestechend. Na ja, mit der Wildnis hatten sie's nicht so wirklich, denn den Eingang zur Schlucht von Bad Boll aus verwandelten sie in einen kleinen Hydepark – nur in schön.

Was die Engländer besonders faszinierend fanden, war das Klima. Durch die Form der Schlucht konnte man in wenigen Minuten aus dem mediterranen Klima der Sonnenhänge ins feuchtkühle Klima Skandinaviens wandern. Das lag am Fuß der Schlucht im Schatten. Und es gab viele spannende Vogelarten. Im Gegensatz zu den meisten Deutschen waren Engländer schon immer Vogelnarren. In der Wutachschlucht gibt es zwei Arten, die besonders anziehend wirkten; den „kingfisher" und den „white-throated dipper". Der „kingfisher" ist der Eisvogel, für den die Wutachschlucht ideal ist, weil es genügend Wände gibt, in die er seine Nisthöhlen bauen kann, und genügend kleine Fische. Der spannendere ist aber der „white-throated dipper", die **Wasseramsel**. Die gilt nicht nur in England als etwas Besonderes, sondern auch in Norwegen: Die Wasseramsel ist Norwegens Nationalvogel. Wenn man aus dem Land des Bundesadlers kommt, mag man das belächeln. Aber die Wasseramsel ist viel härter, als es vermeintlich harte Typen wie zum Beispiel Fischadler jemals sein könnten. Während sich Adler beim leisesten

Adressen

Naturschutzzentrum Südschwarzwald
Dr.-Pilet-Spur 4
79868 Feldberg
www.naturpark-suedschwarzwald.de

Anflug von Winter davonmachen und irgendwo überwintern, wo's warm ist, bleibt die Wasseramsel auch bei meterhohem Schnee in ihrer Heimat. Die Norweger wussten solche Heimattreue mehr zu schätzen als imposantes Aussehen.

Gleichzeitig haben die Wasseramseln auch was von Pinguinen an sich. Im Gegensatz zum Eisvogel, der nur für knapp eine Sekunde eintaucht, taucht die Wasseramsel richtig. Sie bleibt bis zu 30 Sekunden unter Wasser, sucht und verfolgt ihre Beute. Darüber hinaus reichen ihr ein paar Felsnischen oder frei liegende Wurzeln, um sich komfortabel zuhause zu fühlen. So was Angeberisches wie einen Adlerhorst brauchen sie nicht. Und gebalzt wird in Herbst und Winter. Nicht wie beim Adler im Frühjahr, wenn's schön warm wird. Und, ach ja, Adler sind leicht zu zähmen. Wasseramseln nicht; die sind und bleiben wild und frei. Wer auch nur einmal im Leben in der Wutachschlucht eine Wasseramsel beobachtet hat, die sich stundenlang immer wieder ins 4 Grad kalte Wasser wirft, um ihren Nachwuchs zu ernähren, der wird niemals wieder einen Adler bewundern. Na, vielleicht doch. Aber nicht mehr so wie früher.

STECKBRIEF WASSERAMSEL

Wissenschaftlicher Name: Cinclus cinclus (Ein besonders seltener Verwandter ist die Rotkehl-Wasseramsel, die nur in einem kleinen Gebiet Südamerikas wohnt; sie trägt nach ihrem Entdecker einen wissenschaftlichen Namen, der erst auf Italienisch so richtig zur Geltung kommt: „Merlo aquatico di Schulz".)

Farbe: eher unauffällig; oben braun und unten weiß

Größe: ca. 18 cm (mit kurzem Schwanz)

Alter: max. 10 Jahre

Besonderheit: Hat im Gegensatz zu den meisten anderen Vögeln schwere, mit Mark gefüllte Knochen. Mit mehr Gewicht taucht es sich leichter.

Lufthoheit

NATURPARK SCHWARZWALD MITTE/NORD

Die meisten Tiere sind uns oft ähnlicher, als wir glauben. Dabei sollten wir uns aber davor hüten, das Verhalten der Tiere zu vermenschlichen. Denn in Wahrheit ist es genau andersrum: Wir Menschen haben alle, wirklich alle unsere Verhaltensweisen aus der Tierwelt. Und wir sind längst nicht so schlau, überlegen und weiterentwickelt, wie wir gerne glauben würden. Ein Beispiel? Wir glauben ja immer gerne, dass einer unserer Vorfahren im 5. Jahrtausend v. Chr. das Rad erfunden hat. Aber das hatten Mistkäfer schon 200 Millionen Jahre vorher geschafft. Wir haben's uns nur kopiert. Und wie sieht's mit der Benutzung von Werkzeugen aus? Elefanten schwenken seit 7 Millionen Jahren Zweige, um Fliegen zu verscheuchen. 1953 – also schlappe 6 998 147 Jahre später – ließ sich Erich Schumm aus Stuttgart die Fliegenklatsche patentieren. Hacke und Spaten? Werden seit 4 Millionen von Nacktmullen zum Graben verwendet. Man könnte seitenweise so weitermachen und für alle vermeintlich menschliche Erfindungen tierische Vorbilder finden.

Aber unsere Ähnlichkeit geht weit darüber hinaus. Nehmen wir zum Beispiel mal einen Putzerfisch und schauen uns an, wie er arbeitet. Der Putzerfisch wartet an seinem Platz auf andere Fische, die von Parasiten befreit werden. Die Patienten stellen sich brav hinten an, bis sie an der Reihe sind. Kommt aber ein Fisch vorbei, der direkt neben dem Putzerfisch wohnt, ein Nachbar also, dann wird der sofort drangenommen und bevorzugt behandelt. Und bekommt auch eine pfleglichere Behandlung; ohne Schuppen zu verlieren wie die anderen. Und macht sogar Hausbesuche. Putzerfische kannten die Begriffe „Privatpatient" und „Stammkunde" lange vor uns Menschen.

Oder schauen wir uns andere Errungenschaften unseres sozialen Zusammenlebens an. Beispiel Chancengleichheit und soziale Aufstiegsmöglichkeiten. Laut EU haben Kinder aus der Oberschicht eine sechsmal höhere Chance, Vorstandsvorsitzender zu werden, als Kinder aus ärmeren Familien. Wer oben reingeboren wird, bleibt in der Regel auch oben. Bei Hyänen, die wir meist für verabscheuenswürdige Untiere halten, stehen die Chancen viel besser. Der Nachwuchs der Anführerin hat nur eine viermal höhere Chance als andere, selbst Chefin zu werden. Daneben werden verletzte Hyänen vom Rudel komplett durchgefüttert. Und dabei nicht auf Hartz IV gesetzt; sie bekommen den gleichen Anteil wie alle anderen.

Gleichwohl lässt sich niemand gerne als „Hyäne" bezeichnen. Es ist und bleibt ein Schimpfwort, weil die Tiere – ungeachtet ihres Sozialverhaltens untereinander – vom Leid anderer leben. Wer alt, krank oder schwach ist, wird von ihnen zur Strecke gebracht und verspeist. Einen ähnlich schlechten Ruf hat ein Tier, das es früher auch bei uns gegeben hat – und das vor ein paar Jahren wieder auftauchte. Die Rede ist vom Geier, der mitnichten in Wüsten gehört, sondern eigentlich ein echter Mitteleuropäer ist.

Bis ins Mittelalter gehörte den **Gänsegeiern** mit fast 3 m Spannweite die Lufthoheit über Deutschland. Größer war keiner. Und harmloser auch nicht. Gänsegeier sind reine Aasfresser. Gefressen wird man nur, wenn man nichts mehr davon spürt. Die Geier waren die Müllabfuhr, die

Kein Baum wie jeder andere! Dieser hier bietet Dutzenden Tier- und Pflanzenarten eine Heimat.

STECKBRIEF GÄNSEGEIER

Wissenschaftlicher Name: Gyps fulvus („Der Braungelbe")

Größe: bis über 1 Meter

Spannweite: um die 250 cm

Gewicht: bis zu 8 kg

Zugverhalten: Gänsegeier bleiben am liebsten zuhause. Lange Reisen unternehmen sie nur, um Beute zu machen. Damit sind sie eigentlich so etwas wie die „Wikinger der Lüfte".

Gänsegeier haben das Teamwork erfunden. Zusammen mit Bart- und Mönchsgeiern zerlegen sie gefundenes Aas restlos.

Eichhörnchen kommen im Stadtpark genauso gut zurecht wie in der Wildnis.

Kadaver aus der Natur beseitigte. Mit der intensivierten Viehzucht und der Minderung der Wildbestände wurde dem Geier dann seine Nahrungsgrundlage entzogen. Genug Futter gab es nur noch in unwegsamen oder gebirgigen Regionen. Das Flachland wurde geierlose Zone. Nennenswerte Bestände gab es vor allem noch in den Pyrenäen oder auf dem Balkan. Hier profitierten sie unter anderem von der Bergschäferei im Hochgebirge. Starben Schafe oder Ziegen auf den Hochalmen, dann blieben sie dort auch liegen. Ein Transport der Kadaver zur nächsten Tierkörperverwertungsanstalt wäre völlig unsinnig gewesen.

Aber dann trat die EU-Verordnung 1774/2002 in Kraft. Inhalt: Tierkadaver durften nicht mehr in der freien Wildbahn verbleiben, sondern mussten auf technischem Weg entsorgt werden. Damit wollte man Tierseuchen wie den Rinderwahnsinn eindämmen. Statt die Ursache für die Seuchen in der Massentierhaltung zu suchen, machte man Wildtiere für die Ausbreitung verantwortlich. Sieben Jahre später hatte man ein Einsehen, wie falsch die Vermutungen waren, und lockerte die Verordnung 1774/2002 wieder. Seither dürfen in bestimmten Gebieten Kadaver wieder in der freien Wildbahn bleiben.

Die Jahre zwischen Verordnung und ihrer Lockerung waren für die Geier im Hochgebirge aber verdammt magere Zeiten. Und so machten sie sich nach Jahrhunderten wieder auf den Weg, anderswo Futter zu suchen. Und ihre Streifzüge führten sie aus Nordspanien und Südfrankreich wieder bis in den Südwesten. Seit 2006 wurden einzelne Tiere und ganze Gruppen gesichtet. Der Schwarzwald ist dabei für die Geier ein höchst anziehender Anblick. Berge kennen sie, da fühlen sie sich wie zuhause. Dazu kommt, dass der Wald durch die Karseen und offenen Grinden auch aus der Luft nicht ganz undurchdringlich wirkt. Gibt es dann noch Felsen, ja dann lacht das Schicksal dem Geier mitten ins Gesicht. Hier könnte er brüten und wohnen. Könnte, tut er aber noch nicht. Denn bei uns ist 1774/2002 noch in Kraft, weswegen der Geier nach wie vor nicht genügend Futter findet. Auch nicht bei seinen bis 60 km langen Streifzügen übers Flachland. Also lebt er von den Resten, die wir Menschen nicht bemerken. Und lieber selbst entsorgen, statt den Geier die Arbeit tun zu lassen. Eine Chance haben die Tiere trotzdem. In Frankreich und Spanien wurden Futterplätze eingerichtet, an denen Kadaver gezielt für die Geier abgelegt werden. An der „Falaise aux Vautour", dem berühmten „Geierfelsen" im französischen Nationalpark Pyrenées leben mehrere Dutzend Gänsegeier trotz EU-Verordnung. Vielleicht schaffen wir ja Ähnliches. Dann hätte der Geier wieder die Lufthoheit über Naturpark oder Nationalpark Schwarzwald.

Im Gegensatz zum Geier, der sich bei uns erst wieder einleben muss, haben die **Eichhörnchen** den Nordschwarzwald schon lange erobert. Die sind irgendwie das genaue Gegenteil des Geiers. Sie sind klein, süß und putzig, Vegetarier (na ja, so fast jedenfalls) und haben einen exzellenten Leumund.

Das Einzige, was man ihnen anlasten könnte, wäre ihre Vergesslichkeit. Angeblich vergessen sie ja einen Teil ihrer Vorratskammern, in denen sie Nüsse für den Winter eingelagert haben. Ihr hektisches Rumlaufen im Winter wird als Suche nach den Vorräten interpretiert. Die Nase wäre damit Ersatz für ein schwaches Gedächtnis. Solche Hilfsmittel braucht aber ein echtes Schwarzwaldhörnchen nicht. Zumindest nicht, solange es im

Die „Reinhold Messners“ des Waldes: Keiner klettert besser.

Nadelwald wohnt. Denn der ist für Eichhörnchen das Schlaraffenland, in dem einem zwar keine gebratenen Hühner, aber frische Zapfen geradezu in den Mund fliegen. Und zwar ganzjährig. Ein Schwarzwaldhörnchen braucht also noch nicht mal ein gutes Gedächtnis! Einziger Wermutstropfen: das Wetter. Während sich die Verwandtschaft im Rheingraben oder am Kaiserstuhl vom Klima fast schon mediterran verwöhnen lässt, führen Schwarzwaldhörnchen ein hartes Outdoor-Leben. Darauf hat sie Mutter Natur aber auch bestens vorbereitet. Mit knapp 10 000 Haaren pro Quadratzentimeter können sie locker mit Eisbären mithalten. Dazu bringen sie das Kunststück fertig, sich im Winter auch an den Füßen Haare wachsen zu lassen. Das kann wahrlich nicht jeder. Ihr bestens Stück ist aber ihr Schwanz. Wie bei vielen anderen Tieren dient es dazu, im Sprung das Gleichgewicht zu halten. „Eine Katze fällt immer auf die Beine“ heißt es ja. Das stimmt auch, denn mit ihrem Schwanz kann sie ein Drehmoment erzeugen, dass sie richtig rum fallen lässt. Ohne Schwanz würde sie wie wild mit den Beinen rudern. Bei einem Eichhörnchen läuft's ähnlich, nur dass die Beine kürzer sind. Auch das wildeste Rudern würde da nicht helfen. Also muss das Eichhörnchen besser sein als die Katze. Und präziser springen; nicht so grobmotorisch. Und das ist auch so. Eine Katze hätte bei einer Verfolgungsjagd auf dem Baum keine Chance.

Der Clou beim Schwanz ist aber, dass er multifunktional ist. Neben der wichtigen Rolle beim Fliegen dient er auch als Schirm. Der wissenschaftliche Name des Eichhörnchens lautet „Sciurus“, also „Schattenschwanz“, weil sich ein Hörnchen mit seinem eigenen Schwanz Schatten spendet. Genauso funktioniert er auch als Deckung gegen Regen, Schnee und schneidenden Wind. Schon als kleines Eichhörnchen lernt man, dass der Schwanz der wichtigste Körperteil ist.

Konkurrenz um die Fichtenzapfen braucht das Eichhörnchen kaum zu fürchten. Außer vielleicht von den **Fichtenkreuzschnäbeln**, die in unregelmäßigen Abständen massenhaft im Schwarzwald einfallen, um Fichtensamen zu ernten. Aber da wäre ja noch das **Auerhuhn**, auch ein Bewohner des Fichtenwaldes. Den liebt es, weil unter den Fichten kaum was wächst, der Wald damit untenrum licht bleibt. Außer natürlich der Heidelbeere, die sein liebstes Sommerfutter ist. Man

STECKBRIEF EICHHÖRNCHEN

Wissenschaftlicher Name: Sciurus vulgaris (wobei „vulgaris“ für den Lateiner ein Teekesselchen ist. Einerseits „bekannt“ und „gewöhnlich“, andererseits „für jeden zu haben“. Die eingedeutschten Varianten „vulgär“ oder „ordinär“ haben da leider schon einen eher wertenden Unterton.)

Gewicht: 200 bis 400 Gramm

Größe: 20 bis 25 cm (plus Schwanz)

Alter: 2 bis 5 Jahre (für so einen Hektiker mit Bluthochdruck ganz schön lange)

Paarung: Juni bis August

Wohnung: sogenannte Kobel (gleich mehrere in nächster Nähe)

Besonderheit: Vielfraß (kann an einem Tag die Hälfte des Körpergewichts fressen)

Ein Auerhahn lässt sich nicht so leicht einschüchtern: Kopf hoch, Schwanz auseinander – und imponieren auf Teufel komm raus.

Ein Traum für einen Fichtenkreuzschnabel. Was für uns Menschen die Karibik, ist für ihn der Schwarzwald.

ging ewig lange davon aus, dass sich Auerhühner im Winter vor allem von den Nadeln der Fichte ernähren. Die haben aber wenige Nährstoffe und sind schwer verdaulich. 2011 entdeckten dann Biologen im Nordschwarzwald, dass sich das Auerhuhn sehr wohl aber auch von den Samen ernährt. Innerhalb von 40 Minuten pickte ein beschatteter Auerhahn fast 2400 Samen – das macht einen Samen pro Sekunde. Voraussetzung dafür war jedoch, dass der Herbst 2011 sehr warm war, sich viele Fichtenzapfen willig öffneten und die Samen freigaben.

In kalten Wintern tut sich das Auerhuhn deshalb schwer, weil sein Mundwerkzeug eher ungeeignet zum Öffnen der Zapfen ist. Da ist das Eichhörnchen im Vorteil; es reißt die Schuppen mit roher Gewalt vom Zapfen – und die Samen liegen frei. Wenn man angenagte Fichtenzapfen findet, kann man relativ einfach herausfinden, wer sie gefressen hat. Eichhörnchenzapfen sind sauber abgenagt und ähneln einem gerupften Fisch. Der Buntspecht zum Beispiel hinterlässt da eher ein Schlachtfeld. Er klemmt den Zapfen in eine Rindenspalte, die sogenannte Spechtschmiede, und hackt wild auf den Zapfen ein. Das tut er zwar mit chirurgischer Präzision, um an die Samen zu kommen. Das Ergebnis sieht aber extrem unordentlich aus. Eine dritte Tierart gibt sich die größte Mühe, nach der Fichtenmahlzeit einen aufgeräumten Wald zu hinterlassen. Hat eine Maus den Zapfen gefressen, dann ist die Spindel sauber abgenagt. Von diesen Tischmanieren könnte sich sogar das Eichhörnchen eine Scheibe abschneiden.

Aber dieses vorbildliche Verhalten wird von uns Menschen nicht goutiert. Wir betrachten die Mäuse im Gegensatz zum Eichhörnchen als Schädlinge. Wobei nie ganz klar ist, welche Kriterien eigentlich greifen, wenn man auf der Liste der Schädlinge landet. Vor ein paar Jahren entlud sich

Raufußhühner (zu denen Auerhühner, Birkhühner und Schneehühner zählen) werden oft als „plump“ beschrieben. Eine Unverschämtheit. „Rubenshühner“ wäre treffender – und freundlicher.

zum Beispiel der Volkszorn auf die Elstern, weil diese Vogelnester plündern. Dass ein Eichhörnchen selbiges tut, ruinierte dessen Ruf aber nicht. Im Fall der Maus ist es ganz einfach: Sie werden alle über einen Kamm geschoren. Sie brechen in Häuser ein und vernichten unsere Vorräte (und hinterlassen überall ihre Köttel), sie wühlen ganze Gärten auf (wie Maulwürfe), die nagen an Wurzeln (und schädigen damit Obstbäume und Sträucher) und sie fressen Baumrinde und schädigen damit die Forstwirtschaft. Dass für alle diese Untaten verschiedene Arten verantwortlich sind, wird geflissentlich übersehen. Meistens ist es nämlich die Hausmaus, die an unsere Vorräte geht.

Scher- und Feldmäuse buddeln, Erdmäuse nagen die Wurzeln, Rötelmäuse die Rinden an. Von den Vorwürfen gegen die in Sippenhaft genommene Mäusefamilie werden auch völlig Unschuldige erfasst. Zum Beispiel die **Waldmaus**. Die lebt meist ganz zurückgezogen im oder am Wald und richtet eigentlich so gut wie keinen Schaden an; im Gegenteil. Sie erfüllt eine kleine, aber wichtige Rolle im Ökosystem Wald. Schlägt sie sich in einem Nadelwald durchs Leben, der wie der Nordschwarzwald mit Heidelbeeren gesegnet ist, dann betätigt sie sich – so unglaublich das klingt – als Biene. Nein, Honig produziert sie nicht. Aber sie sorgt dafür, dass sich Pflanzen verbreiten können. Im freien Land übernimmt die Biene den Job, in dem sie Pollen von einer Pflanze zur anderen trägt, damit es auch bei „immobilen“ Arten mit der Fortpflanzung klappt. Im Wald tut die Waldmaus das Gleiche, wenn auch auf etwas andere Art. Sie frisst zum Beispiel Heidelbeeren, deren Samen sie aber nicht verdaut. Später erleichtert sie sich dann auf einer anderen Lichtung, wo die Samen aus dem Mäusedarm unbeschadet ans Tageslicht kommen und keimen können. So füllen die Mäuse eine Lücke im System. Wenn ein Baustein (wie die Biene) für einen bestimmten Job nicht taugt, dann findet die Natur immer einen Weg. Das Wort „alternativlos“ benutzen Kanzlerinnen – Waldmäuse nie!

Mit ihrem Einsatz für den pflanzlichen Nachwuchs unterscheiden sich Waldmäuse übrigens nicht von südamerikanischen Brillenbären. Die leben in den tropischen Gebirgen und verbreiten à la Waldmaus ebenfalls Fruchtsamen. Vor ein paar Jahren wurde das durch Biologen einer deutschen Universität mal untersucht. Es war ein im wahrsten Sinne des Wortes anrüchiges Forschungsprojekt, denn die Wissenschaftler siebten wochenlang Brillenbärenkacke. Um es wie der Altkanzler aus der Pfalz auszudrücken: „Entscheidend ist, was hinten rauskommt.“ Und das waren eimerweise wissenschaftliche Erkenntnisse – und das Fazit, dass Brillenbären im tropischen Wald extrem nützlich sind. Gleiches gilt für die Waldmaus. Aber um das genau zu untersuchen, hätten die Kackesieber es ungleich schwerer gehabt. Eine Waldmaus frisst im Schnitt etwa 5 bis 7 Gramm Nahrung pro Tag und verteilt sie im ganzen Wald.

Eine Nadel im Heuhaufen zu finden ist dagegen ein Kinderspiel. Abgesehen davon wirkt die Forschung mit Bären in Südamerika auch irgendwie spektakulärer als die Suche nach Mäusekötteln im Fichtenwald. Überlegen Sie mal: Wem würden Sie am Tresen in der Kneipe länger zuhören wollen? Ganz ehrlich! Na also. Das ist zwar nicht gerecht, aber verständlich.

Aus Sicht der Biologen sind reine Fichtenwälder eher ein Mosaikstein der Natur, auf den man gut verzichten könnte. Im unberührten Schwarzwald waren es vor allem Buche und Tanne, an verschiedenen Standorten auch Fichte, Kiefer und Eiche, die den Wald ausmachten. Erst ab dem Mittelalter, also im Vergleich zu manch anderen Gegenden in Deutschland relativ spät, haben wir Menschen den Schwarzwald so richtig als Lebensraum ins Visier genommen. In der Folge wurden dann erst die Flusstäler gerodet und unter den Pflug genommen. Dabei waren die Bäume erst mal einfach nur im Weg und mussten weg, um die baumfreie Landschaft „sinnvoll" nutzen zu können. Dann entstand aber ein Markt für das Holz an sich. Zur Metallverhüttung brauchte man große Mengen Holzkohle, also jagt man riesige Mengen Buchenholz durch den Kamin. Dazu kam eine starke Nachfrage nach Bauholz. Vor allem aus Gegenden, in denen Holz Mangelware war. Und die glücklicherweise, aus Sicht des Schwarzwaldes, verkehrsgünstig gelegen waren. Beispiel Niederlande: Die Preise für Holz lagen dort so hoch, dass es sich lohnte, die Schwarzwaldflüsse „flößbar" zu machen, das heißt, einen wilden Gebirgsbach mit großem Aufwand in ein Verkehrsmittel zu verwandeln und das Holz über den Rhein bis Holland zu verschiffen. Eine Hauptnachfrage richtete sich nach Eichen- und Tannenholz. Das brauchte man unter anderem, um im moddrigen Boden von Amsterdam Fundamente für den Städtebau anzulegen. Das funktioniert nicht anders als in Venedig, das einen Gutteil seiner romantischen Schönheit dem Schwarzwald verdankt. Das wirklich wahre Herz der Romantik schlägt also eigentlich eher in Forbach statt Venedig.

Und auch weltpolitisch war das Holz aus dem Schwarzwald nicht ganz ohne Wirkung. Im 17. und 18. Jahrhundert wurden die Niederlande ein Weltreich, das Unmengen an Schiffen brauchte. Besonders beliebt war dabei die Eiche, die sich im Verlauf der holländischen Konflikte mit England sogar den diskreten Charme des Monopols erarbeitete. Durch eine Seeblockade war das Holz, das über den Rhein kam, die einzige verfügbare Quelle für Hollands Werften. Eichen aus dem Schwarzwald wurden in fast allen niederländischen Schiffen verbaut. In fast jedem gefundenen Schiffswrack aus der Zeit findet man Reste unseres Waldes. Vom Indischen Ozean bis in die Südsee – ein bisschen Schwarzwald ist überall. Umso bitterer ist übrigens, dass der Nachbau der berühmten, 1629 vor Australien gesunkenen „Batavia", aus skandinavischem Holz gefertigt wurde. Aber aus den original verwendeten Holzarten; es bleibt also alles irgendwie doch in der Familie.

Adressen

Naturpark-Haus auf dem Ruhestein
Schwarzwaldhochstraße 2
77889 Seebach
www.naturparkschwarzwald.de

Nicht umsonst gehört „Maus" zu den beliebtesten zwischenmenschlichen Kosenamen.

Auerhuhn und Christusvogel

NATIONALPARK SCHWARZWALD

Eine fein ziselierte Körpersprache gehört bei fast allen Tierarten zum erfolgreichen Balzverhalten. Der Klassiker beim Menschen ist, dass das Männchen den Bauch einzieht, um die Mädels zu beeindrucken. Das wirkt in der Regel lächerlich, und intelligentere Tiere als wir verzichten meistens auf solch durchschaubare Taschenspielertricks. Der **Fichtenkreuzschnabel** macht's zum Beispiel genau andersrum. Erblickt er seine Angebetete, dann plustert er sich auf, bis er wie eine Kugel wirkt. Was daran attraktiv wirkten soll? Ganz einfach! Wer es sich leisten kann, dick und rund zu sein, der kommt gut zurecht im Leben. Er findet immer genügend Nahrung und führt in der Regel ein stressfreies Leben. Gestresste Leute sind nämlich meistens eher ausgezehrt.

Ein weiterer Vorteil eines dichten Gefieders liegt darin, dass die Kälte einem nicht so viel anhaben kann. Und das ist wichtig für die Kreuzschnäbel, denn sie brüten auch im Winter. Selbst bei – 20 °C schaffen sie es, die Eier im Nest warm zu halten. Da das Weibchen dabei mehr als zwei Wochen auf dem Nest sitzen bleibt, ist die Fürsorge des Männchens überlebenswichtig. Er schafft in der Zeit die Nahrung ran. Und das schafft er mit einem Schnabel, den Kieferorthopäden als groteske Fehlstellung interpretieren würden. Beim Menschen würde die Kasse klingeln, beim Kreuzschnabel ist das normal. Der krumme Schnabel ist das ideale Werkzeug, um die Samen aus den Fichtenzapfen zu pflücken. Und ist ein Markenzeichen, das sehr zu seiner Beliebtheit beigetragen hat. Der Sage nach hat sich der Vogel den Schnabel verbogen, als er versuchte, die Nägel aus dem Kreuz Christi zu ziehen. Deshalb auch sein Spitzname „Christusvogel".

Eine andere Vogelart, die gerne im Schwarzwald zuhause ist, ist das **Auerhuhn**. Im Gegensatz zum Fichtenkreuzschnabel, dem es europaweit blendend geht, ist das Auerhuhn aber eine bedrohte Tierart. Das liegt wahrscheinlich daran, dass es sehr wählerisch ist. Und, wenn man ehrlich ist, ein grottenschlechter Flieger. Auerhühner brauchen lichte Wälder mit halboffenen, heidelbeerenreichen Heideflächen. Das heißt, der Wald muss alte Bäume haben, darunter lichtes Unterholz, in dem es sich verstecken kann, das aber so offen ist, dass es gut

Tarnt sich nicht – der Fichtenkreuzschnabel.

STECKBRIEF FICHTENKREUZSCHNABEL

Wissenschaftlicher Name: Loxia curvirostra
Größe: ungefähr 15 cm
Spannweite: etwa 30 cm
Alter: um die 5 Jahre
Alias: Weihnachtsvogel, Christusvogel

Ein Auerhahn mit Personalausweis.

zu Fuß unterwegs sein kann. Und das Wichtigste: Der Wald muss einigermaßen ungestört sein. Und so was ist eine Seltenheit in einem Land mit 80 Millionen Menschen.

Bei den kontroversen Diskussionen, die der Gründung des Nationalparks vorausgingen, meldeten die Gegner des Nationalparks an, dass dieser für das Auerhuhn katastrophale Folgen haben würde. In der Kernzone eines Nationalparks überlässt man die Natur nämlich sich selbst. Und deshalb würden – kurz gesagt – alle lichten Wälder ohne Forstbewirtschaftung komplett zuwuchern und für das Auerhuhn unbrauchbar werden. Das aber darf getrost bezweifelt werden. Fakt ist schließlich, dass der Bestand der Auerhühner kontinuierlich abgenommen hat – bis auf ein paar Inseln der Glückseligkeit. Wenn wir also ein paar solche Inseln mehr schaffen, in der sich eine echte Wildnis entwickeln kann, dann wird dadurch das Auerhuhn nicht ausgerottet. Es mag sein, dass einige Flecken, an denen man bisher Auerhühner beobachtet hat, in Zukunft „zuwuchern“. Dafür werden aber insgesamt mehr Lebensräume erhalten – und können sich frei entwickeln – als in den vergangenen 1000 Jahren, seit der Schwarzwald von uns Menschen intensiv genutzt wird.

Für eine andere Tierart ist diese „neue Wildnis“ schon jetzt eine Oase, und wird es noch mehr – den **Gartenschläfer**. Der heißt zwar Gartenschläfer, sollte aber eigentlich Waldschläfer genannt werden. Seinen Namen hat er nur daher, dass er häufiger in der Nähe des Menschen gesichtet wurde, zum

STECKBRIEF AUERHUHN

Wissenschaftlicher Name: Tetrao urogallus
Gewicht: Hahn bis über 4 kg, Henne unter 3 kg
Größe: bis 100 cm (aufrecht stehend)
Spannweite: bis 90 cm (das heißt, für seine Größe hat er kleine Flügel)
Alter: bis zu 10 Jahre
Spuren: unverwechselbar wegen ihrer Größe (um die 10 cm)
Besonderheit: behaarte Füße

Dunkle Augenringe sind bei vielen Tierarten in Mode.

Beispiel in Obstgärten oder als Bewohner alter Schuppen oder Dachböden. Und weil er hier als nächtlicher Ruhestörer „verhaltensauffällig" wurde – und nicht mitten im Wald – bekam er seinen Namen verpasst. Mit der Nähe zum Menschen kann er sich durchaus abfinden. Umgekehrt ist das schon schwerer. Randaliert ein Gartenschläfer und macht Lärm, dann empfehlen die Naturschützer die klassische „Hänsel und Gretel"-Methode: Lebend einfangen und tief im Wald aussetzen. Was für die Geschwister aber zum lebensbedrohenden Ausflug wurde, ist für Gartenschläfer ein

Wald allein macht auch nicht glücklich.
Wald mit Lichtungen aber schon.

Nur die härtesten Bäume können mit nassen Füßen leben. Und werden ausgerechnet „Weichholz" genannt.

Adressen

Nationalpark Schwarzwald
Villa Klump
Schwarzwaldhochstraße 2
77889 Seebach
www.nationalpark-schwarzwald.de
Bis 2018 wird ein neues Nationalparkzentrum gebaut.

Glücksfall. Findet er in Nadel- oder Mischwäldern genügend alte Bäume, in denen er wohnen kann, dann kommt er prima zurecht. Mehr Wildnis bedeutet für das Tier, dessen Bestand in den vergangenen 50 Jahren dramatisch eingebrochen ist, mehr Lebensraum und ein besseres Leben. Und ganz nebenbei auch wieder einen besseren Ruf. Bei Vogelfreunden machte er sich unbeliebt, weil er unter anderem in Nistkästen wohnte. Hat er aber genügend natürlichen Wohnraum in alten Baumhöhlen zur Verfügung, dann ist er auf solchen Wohnraum nicht mehr angewiesen. Das erfordert aber auch, dass Bäume nicht an der Kettensäge sterben, sondern an Altersschwäche.

So richtig als Feindbild taugt ein Gartenschläfer ab eh nicht; dazu sieht er mit seinem weichen Fell viel zu süß aus. Und mit seinen großen Augen. Die fehlen einem anderen, weichen Fellträger – dem **Maulwurf**. Und der ist, weil sehr viel häufiger, bei Gartenbesitzern als echte Landplage verschrien. Er verwandelt einen englischen Rasen in nur wenigen Tagen in eine Hügellandschaft – so der Vorwurf. Das allein wäre nicht ausreichend, um einem echten Maulwurf eine narzisstische Kränkung zuzufügen (weil es ja stimmt). Aber dass man ihn auch noch für blöd hielt, dass musste ihn ärgern. Alfred Brehm beschrieb in so: „Die geistigen Fähigkeiten sind gering, obwohl nicht in dem Grade, als man gewöhnlich zu glauben geneigt ist. Doch scheinen die sogenannten schlechten Eigenschaften weit mehr entwickelt zu sein als die guten; denn alle Mulle sind im höchsten Grade unverträgliche, zänkische, bissige, räuberische und mordlustige Thiere, welche selbst den Tiger an Grausamkeit übertreffen und mit Lust einen ihres Gleichen auffressen, sobald er ihnen in den Wurf kommt." Hohoho – der Vergleich mit dem Tiger scheint denn doch ein bisschen hochgegriffen.

Den Beweis für diese Behauptung lieferte aber ein Experiment. Man setzte zwei Maulwürfe zusammen in ein Einmachglas – ohne Nahrung. Und wartete, was passierte. Nach nicht mal 12 Stunden hatte der eine Maulwurf den anderen verspeist. Mal ehrlich: Wen kann das wundern bei einem Tier, das regelmäßig was zu beißen braucht? Während wir Menschen bis zu einem Monat ohne Essen auskommen können, hält ein Maulwurf gerade mal einen Tag durch. Höchstens. Das liegt nicht daran, dass er so verfressen ist. Sondern an seinem Verdauungsapparat, der ständig Nachschub braucht. Gerade diese Verfressenheit sorgte aber ironischerweise dafür, dass er trotz seines schlechten Rufs nicht als „Schädling" eingeschätzt wurde. Alfred Brehm: „Es läßt sich nicht leugnen, daß der Maulwurf durch Wegfangen der Regenwürmer, Maulwurfsgrillen, Engerlinge und anderer verderblicher Kerbthiere großen Nutzen stiftet, und er wird deshalb an allen Orten, wo man seine aufgeworfenen Haufen leicht wegschaffen kann, immer eines der wohlthätigsten Säugethiere bleiben."

Selbst wer dem Maulwurf im heimischen Garten ablehnend gegenübersteht, wird zugeben, dass solch ein Tier im Wald von großem Nutzen ist. Erstens bekämpft er dort die Schädlinge, zweitens stört sich niemand an den Maulwurfhügeln. Und drittens hatten die echten Maulwurfhasser seit 1957 eh keine Chance mehr. Ab dann lief nämlich „Der kleine Maulwurf" im Fernsehen. Und der ist weder mörderisch noch blöd. Und war nebenbei eine der längsten Fernsehserien der Weltgeschichte. Fast 50 Jahre gab es immer neue Folgen. Zum Vergleich: „Dallas" brachte es gerade mal auf 13 Jahre – hatte aber auch mehr echte Fieslinge zu bieten.

Der Maulwurf hat das tierische Glück, niemals eine Blinddarmentzündung bekommen zu können. Er hat nämlich keinen. Dafür haben sie auf der Nase „Eimersche Organe" (benannt nach dem Tübinger Theodor Eimer), mit denen sie elektrische Impulse der Beutetiere wahrnehmen können.

Von schlechten Schwimmern und Chitin-Carusos

NATURPARK STROMBERG-HEUCHELBERG

„Nachweise dieses Tieres gelingen am ehesten durch das abendliche Verhören von stridulierenden Männchen." So steht's im Lexikon. Und mit „stridulierend" ist nichts Versautes gemeint, sondern schlicht und einfach der Gesang des Tieres. Der wird aber nicht „Gesang" genannt, weil er nicht mit den Stimmbändern, sondern den Flügeln erzeugt wird. Die Rede ist vom **Weinhähnchen**, einer minikleinen Heuschreckenart, die bei uns ursprünglich in den wärmeren Weinregionen zuhause war.

Der Klimawandel mit höheren Temperaturen sowie Naturschutzmaßnahmen haben dafür gesorgt, dass das Weinhähnchen mittlerweile auch den Norden Nordrhein-Westfalens erreicht hat. Hier wächst zwar definitiv kein Wein (zumindest keiner, den wir als im weitesten Sinne als in größerem Umfang trinkbar ansehen würden). Dem Weinhähnchen sind aber warme, sandige Offenflächen wichtiger als alkoholische Getränke. Ernähren tut es sich von Blüten, ist aber auch ein aktiver Jäger und frisst Blattläuse und Larven.

Bekannt ist das Weinhähnchen dadurch, dass es als der Caruso unter den Heuschrecken gilt. Ab der Dämmerung beginnt der Gesang, der bis in den frühen Morgen anhalten kann. Das ist romantisch, wenn man sich in der freien Natur befindet. Mit den steigenden Temperaturen werden allerdings auch Lebensräume besiedelt, die näher an unseren Wohnorten liegen – Gärten zum Beispiel. Und dann steht zu befürchten, dass genervte menschlichen Nachbarn sich einem deutschen Hobby hingeben werden: der Klage. Genau wie bei Tümpeln und Gartenteichen der quakende Frosch, so werden die Weinhähnchen wahrscheinlich bald in die Schusslinie der Justiz geraten.

Die alpenländischen Nachbarn in der Schweiz waren mit einer anderen Schrecke weniger duldsam. Zumindest, was den Namen angeht. Die **Maulwurfsgrille** wurde hier Halbteufel genannt. Den schlechten Ruf verdanken sie ihrer Lebensweise. Im Gegensatz zu den meisten anderen Heuschrecken verbringen sie den größten Teil ihres Lebens unter der Erde – wie ein Maulwurf eben. Und genau wie diese graben sie Gangsysteme, die bis zu 30 m lang werden können. Da sie das knapp unter der Erde tun, fressen sie – um freie Bahn zu haben – auch Wurzeln. Und das sorgt für

Ganz ausgewachsen ist dieses Weinhähnchen noch nicht. Aber bald.

ruinierte Gemüsebeete und hässliche Flecken auf dem englischen Rasen. Besonders bitter: Eigentlich sollte die Maulwurfsgrille höchst willkommen sein, gilt sie doch als Schädlingsvertilger. Offenbar ist der Rasen aber wichtiger. Nicht wenige Gartenbesitzer greifen zu hässlichen Mitteln der chemischen und biologischen Kriegsführung. Neben Insektenvernichter gibt's im Internet auch Nematoden, also Fadenwürmer, zu kaufen, die auf die ausgewachsenen Grillen losgehen. Und wer es ganz ernst meint, der verwandelt sein Gemüsebeet in die kleinste DDR der Welt. Entlang einer Holzwand (als Berliner Mauer im Kleinformat) werden Fanggläser eingegraben –das Minenfeld des Laubenpiepers. Offensichtlich hat das geholfen: Seit einigen Jahren ist der Bestand der Maulwurfsgrille im freien Fall.

Der Körperbau ist nicht besonders filigran, aber effektiv.

Damit befinden sie sich in erlauchter Runde. Jede dritte Heuschreckenart in Deutschland gilt als bedroht. Deshalb sind Regionen wie der Stromberg so wichtig für den Naturschutz. Hier gibt es Arten wie den „Verkannten Grashüpfer", die „Blauflügelige Ödlandschrecke", die „Westliche Beißschrecke" oder die „Kurzflügelige Schwertschrecke". Sollten die aus unserer Natur verschwinden, dann würde auch die deutsche Sprache sehr viel ärmer werden.

Ein andere Tierart, der es in Deutschland im Moment auch nicht ganz so gut geht, ist die **Groppe**. Auch die hat viele Namen – je nach Ge-

Die Groppe ist ein schlechter Schwimmer. Befindet sich damit aber in guter Gesellschaft: Die meisten Wasserbewohner sind Nichtschwimmer.

Auch die sogenannte „Kulturlandschaft“ bietet wilden Tieren einen Lebensraum.

gend. Der schlimmste ist vielleicht Rotzkopf. Hier weiß niemand mehr, wie es zu so einem Namen kam. Und überdies ist es extrem beleidigend und ehrabschneidend. Aber sei's drum. Die Groppe wird als Fisch oft nicht ganz ernst genommen, weil sie ein grotesk schlechter Schwimmer ist. Sie kann eigentlich nur am Gewässergrund entlangrobben und hüpfen, um vorwärts zu kommen. Frei im Wasser schwimmen kann sie nicht, denn Mutter Natur hat aus einer unglaublich miesen Laune heraus ihre Schwimmblase untätig und klein werden lassen.

Das an sich wäre noch nicht so schlimm. Denn schließlich sind 90 % aller Tierarten im Meer auch Nichtschwimmer – und können damit sehr gut leben. Das Problem der Groppe rührt aber daher, dass wir Menschen zahllose Wehre in die Bäche und Flüsse gebaut haben. Über viele dieser Wehre können Fische wie die Forelle drüberspringen. Die Groppe kann das nicht, denn wer nicht schwimmen kann, kann auch keinen Anlauf nehmen. Also muss sie kapitulieren, wenn sie ein Wehr vor sich hat. Daneben ist sie anspruchsvoll, wenn's um die Wasserqualität geht. In einer Dreckbrühe, die andere Fische durchaus – wenn auch nicht mögen – so doch überleben können, ist die Groppe aufgeschmissen. Vor allem, weil umgestaltete, angestaute Gewässer die fatale Neigung haben, zuzuschlammen. Die Groppe braucht aber einen sauberen, lückenhaften Bachgrund, um sich fortzupflanzen. Schmoddert das Bachbett zu, gibt's keinen Nachwuchs. Die Forelle leidet da auch drunter, kann sich aber zur Not woanders umsehen. Die Groppe sitzt fest – und stirbt aus.

Jetzt könnte man sich natürlich fragen, warum es so wichtig ist, dass es Groppen überhaupt gibt. Ihre Rolle in der Nahrungskette würde mit Sicherheit von anderen Tieren eingenommen werden. Wem würde sie dann eigentlich fehlen? Gegenfrage: Wem würden der Petersdom, der Londoner Tower, die Pyramiden oder der Pariser Eiffelturm fehlen? Die bestehen – wenn man mal ehrlich ist – aus nichts weiter als einigermaßen kunstvoll aufeinandergestapelten Steinen und Metall. Und gelten doch als wichtiges Kulturgut und absolut unbezahlbar. Irgendwie wäre es schön, wenn wir der Groppe als „Kunstwerk der Natur“ einen ähnlichen Wert zugestehen würden. Auch wenn sie Nichtschwimmer ist.

Einer anderen Tierart wird zumindest in England ein solcher Wert zugestanden: dem **Kolkraben**. Ihr Wert ergibt sich aber nicht aus hehren Naturschutzgedanken, sondern ist eine Frage von Sein oder Nichtsein. Laut einer Überlieferung stirbt mit dem letzten Raben im Tower von London auch die englische Monarchie. Um das zu verhindern,

Adressen

Naturparkzentrum Stromberg-Heuchelberg
Ehmetsklinge 1
74374 Zaberfeld
www.naturpark-sh.de

werden die letzten Raben im Tower von der ehemaligen Leibwache der englischen Könige – den Beefeaters – gepflegt und gefüttert. Wie es zu der Sage kam, ist umstritten. Im Gespräch ist die Anwesenheit der Raben als Unglücksvogel während der Hinrichtungen – bis hin zu einem Werbegag der Tourismusindustrie. Ist aber alles unwichtig; endlich mal eine Sage, die aus Naturschutzsicht Sinn macht und eine Tierart schützt.

Außerhalb des Tower of London war's mit der schützenden Hand der englischen Monarchie nicht weit her. Bis 1940 war der Kolkrabe in Mitteleuropa ausgestorben. Ausgerottet. Als angeblicher Schädling stand er auf der Abschussliste.

Noah schickte von seiner Arche zuerst einen Raben los. Die Taube kam erst als zweite Wahl zum Einsatz, genießt heute aber allen Ruhm. Hätte der Rabe Erfolg gehabt, gäbe es heute vielleicht einen Friedensraben.

Brehm schrieb: „Es unterliegt leider keinem Zweifel, daß der Kolkrabe durch seine Raubsucht sehr schädlich wird und nicht geduldet werden darf. Auch er bringt Nutzen wie die übrigen Krähen; der Schaden aber, welchen er anrichtet, überwiegt alle Wohlthaten, welche er dem Felde und Garten zufügt." Interessant ist, dass wir seither wenig dazugelernt haben. In den vergangenen Jahren waren es plötzlich die Elstern, die in die Schusslinien der Gartenfreunde gerieten. Angeblich gab es zu viele. Und das sei eine Katastrophe für Singvögel. Der Aufschrei war ausgerechnet da am lautesten, wo die Gärten zu baumfreien Zierrasenflächen mit diversen Blütenapplikationen verkommen waren. Bäume und Sträucher, in denen Singvögel sicher brüten könnten, waren offensichtlich zu unaufgeräumt. Wenn sich dann am Baumarkt-Vogelhäuschen Elstern zeigten und die Meise fehlte, war der Fall klar. Es musste die Elster sein. Und beileibe nicht die durchgestylte, sterile Gartenarchitektur.

Aber zurück zum Kolkraben. Zwei Dinge müssen über den noch gesagt werden. Die Bezeichnung Rabeneltern ist eine Unverschämtheit. Raben kümmern sich in trauter, wirklich lebenslang monogamer Zweierbeziehung rührend um ihre Kinder. Die sich etwas ungelenk bewegenden Jungtiere, die allein und ohne ihre Eltern gesehen wurden (angeblich verlassen), sind nur ein Hinweis, dass Rabeneltern ihrem Nachwuchs Freiheiten zugestehen, über die sich jedes pubertierendes Menschenkind freuen würde. Raben erziehen ihre Kinder wohlbehütet, aber sie erziehen sie zu selbstständigen Wesen, die mit durchgedrücktem Kreuz im Leben ihren Mann (oder ihre Frau) stehen.

Das zweite ist ein Hinweis auf ihre Intelligenz. Kollegen der BBC haben mal gestestet, wie schlau Raben sind. Und kamen zu dem überraschenden Ergebnis, dass die Tiere mühelos mit 5-jährigen Menschen mithalten können. Und sozialer sind sie nebenbei auch. Während der 5-Jährige seine Gummibärchen zumeist gegen Artgenossen verteidigt, teilt der Rabe sein Fressen ungefragt. Artgenossen werden zu Tisch gebeten. Es sind halt gastfreundliche Tiere, an denen wir uns ein Beispiel nehmen können – und sollten.

Tief im Wald zwischen Spielberg und Cleebronn findet man einen Gedenkstein. Es wird an den letzten württembergischen **Wolf** erinnert, der an dieser Stelle am 10. März 1847 erlegt worden ist. Der Wolf ist leider das Paradebeispiel dafür, wie hässlich wir Menschen uns benehmen können, wenn wir jemanden nicht mögen. Beim Wolf kommt erschwerend hinzu, dass wir ihn nicht nur nicht mochten, sondern regelrecht fürchteten. Diese Furcht war aber anerzogen – und gar nicht so alt, wie wir vielleicht glauben. Im Mittelalter galt der Wolf noch als mutig, schnell, ausdauernd und wohlerzogen. Kurzum: Er war ein Vorbild. Wer seine Söhne zu aufrechten Menschen erziehen wollte, der zog ihnen Schuhe aus Wolfsfell an. In der Hoffnung, dass ein bisschen was vom Wolf abfärbt und man der ungezogenen Bande nicht ständig die Ohren langziehen muss.

Dann aber wechselte die Stimmung. Die Menschen drangen immer weiter in die Wildnis vor – und es kam zu Interessenkollisionen mit den Wölfen. Beim Wolf von Wolfenstein waren es geschätzt 50 Schafe, die er gerissen hatte. Und einfach weg musste. Solche wirtschaftlichen Überlegungen sind nachzuvollziehen. Niemand lässt sich gerne seine Tiere klauen oder wegfressen. Die Furcht vor dem Wolf schlug aber bald fast schon in Panik um. Plötzlich fraß er Großmütter, kleine Mädchen und rottete sogar ganze Hochzeitsgesellschaften aus. Die Gebrüder Grimm hatten einen nicht unerheblichen Anteil an diesen Horrorgeschichten. Und sie berichteten ziemlich einseitig. Keinen Gedanken verschwendeten sie zum Beispiel daran,

STECKBRIEF KOLKRABE

Wissenschaftlicher Name: Corvus corax („Rabiger Rabe")
Spannweite: bis 150 cm (größer als ein Bussard)
Alter: bis 30 Jahre
Gewicht: bis zu 1,5 kg
Jungtiere: ab April
Besonderheit: größter Singvogel der Welt („Singvogel" trotz seiner Stimme)
Beste Rabengeschichte: „Hans Huckebein" von Wilhelm Busch (Unglücksrabe)

Die passende Landschaft zum Raben: dunstige Täler.

Rotkäppchen hat brandschwarz gelogen!

warum Rotkäppchens Eltern die Großmutter in eine einsame Hütte im Wald abgeschoben hatten. Die Grimms und ihre Vorgänger suchten alle Schuld beim Wolf. Erst dessen Tod bescherte allen beteiligten ein Happy End. Ein solches gibt es im älteren französischen Gegenstück „le petit chaperon rouge“ übrigens nicht. Charles Perrault lässt Rotkäppchen und Großmutter sterben – und den Wolf überleben. Das Fazit aber war dasselbe: Wölfe sind böse!

Zusammenfassend muss man festhalten, dass Rotkäppchen einfach die bessere Presse hatte. Und die hat es bis heute, wie Schlagzeilen aus deutschen Boulevardzeitungen beweisen: „Nur Hirschbock Bruno überlebte!“ oder „... das Tier mit dem weichen Fell wurde völlig zerfetzt“. Sachlichere Schlagzeilen wie „Bild-Wolf war eine Ente“ fallen leider immer unter den Tisch und werden kaum wahrgenommen. Tatsache ist, dass es kaum nachweisbare Angriffe von Wölfen auf Menschen gibt – selbst in Gegenden mit hoher Wolfsdichte nicht. Diese wenigen Fälle aber sind offenbar spektakulär. Viel spektakulärer als über 3000 Verkehrstote jährlich, die es fast nie auf die Titelseiten schaffen. Schlagzeilen wie „Die Bestie Corsa hat wieder zugeschlagen“ findet man nur selten.

Seit ein paar Jahren werden auch im Südwesten immer mal wieder einzelne Wölfe gesichtet. Und finden eine Aufmerksamkeit, die sich glücklicherweise so ganz langsam von der einseitigen grimmschen Weltsicht verabschiedet. Wölfe sind nämlich faszinierende Wesen. Sie laufen bis zu 50 km/h schnell, können 5 Meter hoch springen und riesige Strecken zurücklegen. 2011 wanderte ein junger Wolf in nur 8 Wochen fast 1600 km weit, um eine neue Heimat zu finden. Vielleicht gelingt ihm und seinen Verwandten das ja bald wieder bei uns im Südwesten. Erste Ansätze gibt es – durch mutige Tiere, die ab und an mal bei uns vorbeischauen. Und hoffentlich mehr Glück haben als der Wolf, der im April 2012 im Westerwald von einem Jäger erschossen wurde. Ein Jahr zuvor war der Wolf im hessischen Giessen von einem Auto angefahren worden (da haben wir es wieder) – und hatte sich im Westerwald anscheinend blendend von seinen Verletzungen erholt. Und wurde auch nicht verhaltensauffällig. (zumindest tauchten in keinem Polizeibericht verschwundene Großmütter und Enkelinnen auf). Dieses zurückhaltende und für die scheuen Wölfe typische Verhalten war seiner Gesundheit sehr zuträglich. Just in dem Moment, in dem er sich zeigte, wurde er von einem Jäger erlegt. Der hätte besser das hessische Auto erschossen. Dann wäre uns viel Aufregung erspart geblieben.

STECKBRIEF WOLF

Wissenschaftlicher Name: Canis lupus
Größe: bis zu 90 cm (Schulterhöhe)
Länge: von der Nase bis zur Schwanzspitze bis zu 140 cm
Gewicht: bis zu 60 kg
Alter: 5 bis 12 Jahre
Tempo: bis zu 50 km/h
Reichweite: bis zu 45 km am Tag
Nase: kann Tiere bis in 2 km Entfernung riechen
Besonderheiten: vor knapp 30 000 Jahren wurden die ersten Wölfe in Hunde verwandelt, wie genetische Analysen zeigen.

Es wird Zeit, dass wir auch mal vom „Schaf im Wolfspelz“ reden.

Globetrotter und Couch-Potatoes

NATURPARK NECKARTAL-ODENWALD

1866 wurde auf dem Gebiet des heutigen Naturparks der letzte badische **Wolf** geschossen. Der Ort des Geschehens trägt den treffenden Namen Wolfsschlucht. Mit diesem Wolf hatte der Ausrottungsfeldzug gegen sogenannte „Raubtiere" im Südwesten seinen Höhepunkt erreicht. Zumindest, was die absichtliche Vernichtung einer Tierart angeht. Dabei ist allein das Wort „Raubtier" schon eine Unverschämtheit. Raub ist eine Straftat, das heißt, man eignet sich illegal und mit Gewalt etwas an, was einem nicht gehört. Das mag bei Menschen möglich sein, aber bei Tieren? Ein Tier, das niemandem gehört, frisst ein anderes Tier, das ebenfalls niemandem gehört. Wo also ist der „Raub"?

Knapp 100 Jahre später war es ein anderes „Raubtier", das kurz vor der Ausrottung stand – diesmal aber nicht gezielt, sondern als chemische Nebenwirkung. 1939 entdeckte der Schweizer Paul Hermann Müller die Wirkung des DDT – und erhielt dafür ein paar Jahre später den Nobelpreis für Medizin. Es hört sich aus heutiger Sicht ein bisschen krude an, dass sich jemand durch die Erfindung eines Giftes um die Gesundheit verdient gemacht hätte. War aber so. Denn DDT eignete sich hervorragend dazu, seuchenartige Krankheiten zu bekämpfen. Es hilft gegen die Läuse, die Fleckfieber übertragen, und es wird erfolgreich zur Bekämpfung der Anopheles-Mücke eingesetzt, die als Malaria-Überträger berüchtigt ist. 2006 empfahl die Weltgesundheitsorganisation den Einsatz von DDT – allerdings nur noch, um damit die Innenwände von Häusern in Malariagebieten zu streichen, sodass die Bewohner vor den Mücken geschützt sind. Die negativen Auswirkungen von DDT werden als weitaus geringer als der Nutzen eingeschätzt, erkranken doch nach wie vor mehr als 200 Millionen Menschen jährlich am „Sumpffieber".

Die Nachteile waren übrigens schon sehr früh bekannt. Durch großflächige Sprühaktionen zur Bekämpfung von Insekten reicherte sich das Gift in der Nahrungskette an. 1962 erschien das Buch „Der stumme Frühling", in dem die Biologin Rachel Carson den katastrophalen Einfluss des DDT auf Vögel beschrieb. Die fraßen nämlich Regenwürmer, in denen sich das Gift auch noch lange nach den Sprühaktionen nachweisen ließ. Und genau hier

An solchen Wegen entstanden die Gerüchte um den bösen Wolf. Nicht aus Erfahrung, sondern eher aus Langeweile auf langen Märschen.

Über seine Höchstgeschwindigkeit kursieren fantastische Zahlen. Fakt ist: Er ist sauschnell.

STECKBRIEF WANDERFALKE

Wissenschaftlicher Name: Falco peregrinus („Der Pilger")

Größe: bis zu 50 cm (Weibchen), bis zu 40 cm (Männchen)

Spannweite: etwas mehr als 1 m

Gewicht: Weibchen knapp über 1 kg, Männchen leichter

Alter: bis zu 15 Jahre

Geschwindigkeit: fast 200 km/h sind gemessen worden (wobei andere Quellen von über 300 km/h reden)

Besonderheit: gilt als schnellstes Tier der Welt.

kommen unsere Greifvögel ins Spiel. **Wanderfalken** ernähren sich fast ausschließlich von Vögeln. Und nehmen damit unweigerlich auch das Gift auf.

Die Auswirkungen zeigten sich jedoch nur indirekt. Wären die Vögel direkt tot vom Himmel gefallen, wäre der Zusammenhang klar gewesen. Aber so war es nicht. Nach dem massenhaften Einsatz von DDT wurde zuerst in England bemerkt, dass der Bestand der Wanderfalken dramatisch abnahm. Einen Zusammenhang sah zuerst niemand. Dann aber stellte man – mehr durch Zufall – fest, dass die Eierschalen der Wanderfalken dünner als normal waren. So dünn, dass sie beim Brüten zerbrechen mussten. Gleiches galt in Nordamerika für den Weißkopf-Seeadler und andere Greifvögel weltweit. Dann zählte man eins und eins zusammen – und wusste Bescheid. Schließlich wurden Herstellung und Vertrieb von DDT 1977 in Deutschland verboten.

Ein positiver Effekt trat fast unmittelbar auf. Erstens ging die Giftbelastung zurück und die Eierschalen wurden wieder stabiler, zweitens waren die Menschen sensibilisiert und fingen an, Brutplätze des Wanderfalken zu schützen. Auch in Städten wurden jetzt Nisthilfen angebracht, sodass der Wanderfalke zum Stadtfalken avancierte. Was übrigens bis dahin als völlig undenkbar galt, jagte der Falke doch bevorzugt die Brieftauben, das „Rennpferd des kleinen Mannes". Die haben nämlich die Angewohnheit, möglichst große Strecken

möglichst schnell zurücklegen zu wollen. Das heißt, sie fliegen schnell geradeaus. Für den Wanderfalken sind sie damit ein gefundenes Fressen, denn mit Spitzengeschwindigkeiten von über 200 km/h sind sie eh schneller als **Tauben**; und freuen sich über jeden, der keine Haken schlägt.

Das machte die Falken übrigens in Laufe der Geschichte sogar bei Militärs unbeliebt. Wanderfalken störten mit ihrer Taubenjagd die Kommunikation des Feindes, waren die Brieftauben doch vor Erfindung des Funkgeräts die einfachste und schnellste Möglichkeit der Nachrichtenübermittlung. Der in Mannheim gebaute Weltkrieg-I-Panzer A7V hatte zum Beispiel einen Brieftaubenwart mit Meldetauben an Bord. Zu weltweiter Berühmtheit brachten es aber nur Tauben der Gegner. „Cher Ami" wurde als bisher einziges Tier in die französische Ehrenlegion aufgenommen, nachdem sie sich schwerverletzt aus dem belagerten Fort Vaux bei Verdun zu den amerikanischen Truppen durchgeschlagen hatte – und so die Belagerten rettete. Wäre an dem Tag ein Falke in der Luft gewesen, dann hätte sie das nicht geschafft. Und tatsächlich wurden Wanderfalken von der Armee eingesetzt, um Brieftauben abzufangen. Sozusagen als Störsender. Unsere südlichen Nachbarn in der Schweiz hatten allerdings noch lange großes Vertrauen in die Meldetauben. Erst 1995 wurde die Armeebrieftaubenstation aufgelöst – nach 77 Jahren treuen Diensten.

Wer Wanderfalken in der freien Wildbahn beobachten möchte, hat im Neckartal gute Chancen dazu. Es gibt viele Nistmöglichkeiten in Steinbrüchen und Felswänden sowie auf Kirchtürmen (zum Beispiel in Heidelberg), die von den Tieren im Laufe der vergangenen 40 Jahre wieder angenommen wurden. Allerdings verlief dieser Aufschwung nicht ohne Rückschläge. Da die Falkenjagd unter anderem in der arabischen Welt nach wie vor hohes Ansehen genießt, waren in den Horsten regelmäßig Eierdiebe unterwegs. Für ein befruchtetes Ei wurden zum Beispiel 1985 DM 25 000 gezahlt. Kein schlechter Stundenlohn für ein bisschen Klettern. Wegen dieses illegalen Handels waren viele Bruten nur dann erfolgreich, wenn die Horste rund um die Uhr bewacht wurden. Den zahllosen Ehrenamtlern, die sich in Zelten und Wohnwagen die Nächte um die Ohren schlugen, verdanken wir es, dass wir heute wieder Wanderfalken in der freien Wildbahn sehen.

Manche Landschaften entwickeln beim richtigen Licht einen wunderbaren, leicht morbiden Charme – perfekt zum Durchschnaufen.

Adressen

Naturparkzentrum Eberbach
Kellereistraße 36
69412 Eberbach
www.naturpark-neckartal-odenwald.de
Mit Informationen rund um den Naturpark und den Öffnungszeiten des Naturparkzentrums.

Wildpark Schwarzwach
Wildparkstraße
74869 Schwarzach
www.wildpark-schwarzwach.de

www.ag-wanderfalken.de
Internetseite der „AG Wanderfalkenschutz Heidelberg" mit Informationen rund um die Vögel, ihren Schutz und die Entwicklung des Bestands.

Uhus haben ein extrem gutes Gehör.
Und sehr gute Augen.

Eine andere bedrohte Vogelart hatte unter Wanderfalkenfreunden früher weniger Befürworter: der **Uhu**. Die größte aller Eulen kommt dem Wanderfalken nämlich regelmäßig in die Quere. Sie braucht denselben Lebensraum, brütet an denselben Stellen und jagt die gleiche Beute. Das heißt, Uhu und Wanderfalke sind direkte Konkurrenten. Und der Uhu hat einen Wettbewerbsvorteil: Er ist einfach größer. Besetzt so ein Brocken mit seinen 3 bis 4 kg einen geeigneten Nistplatz, dann hat der kleine Wanderfalke keine Chance mehr. Selbst die größeren Weibchen bringen kaum mehr als 1 kg auf die Waage. Das Problem dabei ist, dass die wirklich guten Nistplätze rar gesät sind. Beide brauchen Felsen oder erhöhte Plattformen, in denen Nest und Nachwuchs sicher vor natürlichen Feinden sind. Dazu gehören zum Bei-

Durch den besonderen Aufbau der Federn sind Uhus lautlose Flieger. Und so wendig, dass sie ihre Beute selbst im Wald jagen können.

spiel Fuchs und Katze, die zwar klettern können, aber eben keine richtigen Bergfexe sind. Daneben muss die Felsnische trocken, das heißt überdacht sein. Die größten natürlichen Verluste ergeben sich nämlich durch Nässe. Küken können vieles ertragen, aber kein nasses Gefieder. Und der Ort muss einigermaßen störungsfrei sein. Kurz gesagt: Obwohl beide eigentlich wenig brauchen, um in Ruhe aufwachsen zu können, werden sie durch den Mangel an geeigneten Brutmöglichkeiten in eine Konkurrenz getrieben, bei der der Wanderfalke meistens den Kürzeren zieht. In einigen Gegenden hat man daraus die Konsequenzen gezogen, und sichert geeignete Wanderfalkenplätze mit sogenannten Uhu-Schutzgittern. Die unmittelbare, gewünschte Wirkung: Der kleine Falke kann rein, der große Uhu nicht. An solchen Standorten kam es zu erfolgreichen Bruten, an ungeschützten Standorten nicht.

Im Gegensatz zum Wanderfalken war der Uhu schon mal komplett aus Baden-Württemberg verschwunden. In den 1950er-Jahren kaufte man dann ein Uhuweibchen aus Tirol, züchtete Nachwuchs, den man dann an der oberen Donau auswilderte. Unsere Uhus sind also zumindest zum Teil Österreicher (was ja in Teilen Badens den historischen Gegebenheiten entspricht). Auswilderungen gab es außerdem in der Eifel. Mittlerweile werden jedoch keine Uhus mehr ausgewildert. Die Bestände sind zwar auf niedrigem Niveau, können sich aber aus eigener Kraft erhalten und weiter ausbreiten, wenn der Lebensraum stimmt. Dann kommen auch Uhu und Wanderfalke prima zurecht. Zwar nicht mit-, sicherlich aber nebeneinander.

Von Kratzbären und Feuerfressern

NATURPARK SCHWÄBISCH-FRÄNKISCHER WALD

Am hessischen Edersee spielte am 12. April 1934 mitten im Wald eine Blaskapelle auf. Zahlreiche Honoratioren des Deutschen Reichs waren gekommen, um einer Rede des Freiherrn Sittich von Berlepsch zu lauschen. Wenig später standen Soldaten der Wehrmacht Spalier, um die eigentlichen Hauptakteure des feierlichen Anlasses in den Wald zu entlassen: **Waschbären**. Diese Tiere lebten eigentlich in Nordamerika, wurden aber als „Bereicherung der heimischen Tierwelt" angesehen. Böse Zungen behaupten, dass es dem deutschen Waidmann endlich auch gegönnt werden sollte, echte Bären zu erlegen. Dieser Wunsch ist in Erfüllung gegangen. Heute leben schätzungsweise mehr als 800 000 Waschbären in Deutschland, mehr als 70 000 werden jedes Jahr geschossen.

Vom hessischen Edersee aus haben sich die Waschbären in halb Deutschland breitgemacht. Es gibt keine nennenswerten natürlichen Feinde – und genug zu fressen. Waschbären sind genügsame Allesfresser und finden sich bei uns bestens zurecht. Das liegt vor allem an ihrer phänomenalen Anpassungsfähigkeit. Ein Beispiel? Waschbären wohnen am liebsten in Baumhöhlen. Die polstern sie mit weichem Laub, und fertig ist das traute Heim. Deswegen lebt der Waschbär am liebsten im dichten Wald. Wenn sich ein Waschbär aber umorientieren muss – weil etwa nicht genügend Wald in der Nähe ist –, dann findet er ohne größeren Aufwand sofort alternative Behausungen. Dazu gehören zum Leidwesen vieler Menschen auch Gartenhäuschen und Dachböden. Hier richtet er sich häuslich ein, macht nächtens Lärm wie eine Bande Einbrecher – und hat sogar Verwendung für vorhandene Isolierungen. Styropor, Glas- und Steinwolle reißt er von Decken und Wänden und nutzt es als Polstermaterial. Das ist einerseits ganz schön clever, schafft aber auch böses Blut mit dem Besitzer.

So geschehen auch im Schwäbisch-Fränkischen Wald, wo derzeit das größte Vorkommen in Baden-Württemberg vermutet wird. „Vermutet wird", weil man sich bei nachtaktiven, findigen Tieren nie so ganz sicher sein kann, ob nicht auch anderswo welche wohnen, sich aber einfach besser verstecken können.

Das Lexikon sollte unter dem Stichwort „Neugier" einen Waschbären zeigen.

Waschbär hört sich irgendwie netter an als Kratzbär.

STECKBRIEF WASCHBÄR

Wissenschaftlicher Name: Procyon lotor („Procyon" heißt übersetzt „dem Hunde ähnlich". Wobei wir wieder beim Marderhund wären ...)
Gewicht: bis 12 kg
Größe: knapp über 60 cm
Fell: fast wie ein Marderhund
Nachwuchs: April und Mai
Besonderheit: Kann besser klettern als ein Marderhund

Man rechnet dann die sogenannten „Jagd-" bzw. „Fallstrecken" hoch: Wie viele Waschbären sind erlegt worden, wie viele wurden Opfer des Straßenverkehrs? Waschbären, die tief im Wald an Alterschwäche sterben, werden selten gefunden, fallen uns also gar nicht erst auf.

Auffallen tun uns in der Regel nur die, die auch verhaltensauffällig werden. Und das gilt für Waschbären ausgerechnet in den Momenten, in denen sie uns am meisten ähneln. Wir Menschen lieben Obst und Früchte – Äpfel, Kirschen, Birnen und last not least Trauben. Der Waschbär tut das auch. Und wenn er eine Streuobstwiese oder einen Weinberg sieht, dann läuft ihm das Wasser im Mund zusammen. Allerdings ohne hinderliche Moralbegriffe bei seinem Nahrungserwerb zu beachten. Aus unserer Sicht macht er sich „der Mitnahme fremdbeweglichen Eigentums unter Zueignungsabsicht" strafbar, wenn er Weintrauben erntet, die er nicht selbst angebaut hat. Was mangels eigenen Grundbesitzes selten der Fall sein dürfte. Tatsache ist auf jeden Fall: Der Waschbär ist ein Langfinger! Das mit den langen Fingern ist übrigens wörtlich zu nehmen. Im Vergleich zu anderen Bären – oder Raubtieren überhaupt – hat er freistehende Finger. Mit denen kann er prima klettern, tasten – und eben Früchte ernten. Was allerdings nicht stimmt, ist seine Reinlichkeit. Nur im Deutschen nennen wir ihn „Waschbär". In den meisten anderen Sprachen heißt er eher „Kratzbär" – Raccoon. So haben ihn zuerst die nordamerikanischen Indianer genannt. Und das lange, bevor die ersten Waschbären europäischen Boden erreichten. Irgendwie passt der Name „Kratzbär" auch eher auf Tiere, die Glaswolle auf dem Dachboden behaglich finden.

Im Gegensatz zum Waschbären leben **Feuersalamander** schon ewig im Schwäbisch-Fränkischen

Feuersalamander: Gegenteiliger Behauptungen zum Trotz eignet er sich nicht zum Feuerlöschen.

Wald. Sie lieben Laub- und Mischwälder, schattige Schluchten und naturnahe Bachläufe. All das finden sie hier. Und vor allem brauchen sie Feuchtigkeit. Und die finden sie hier ebenfalls, denn der Naturpark gilt als regenreich. Aber eins muss gesagt werden: Trotz bis zu 1100 Liter Regen pro Quadratmeter und Jahr ist der Schwäbisch-Fränkische Wald kein Regenloch. Das beweist ein kleiner Vergleich. Reunion im Indischen Ozean gilt als eines der Traumziele deutscher Touristen. Exotische Insel, tolle Strände, tolles Wetter. Aber schauen wir mal genauer hin. Größte Regenmenge weltweit in 24 Stunden: 1870 Liter pro Quadratmeter. Das heißt, an einem einzigen Tag ist auf Reunion fast doppelt so viel Regen niedergegangen wie im Schwäbisch-Fränkischen Wald im ganzen Jahr. Damit könnte man sagen, dass – hochgerechnet aufs Jahr – Reunion 700-mal nasser wäre als unser Naturpark. Das ist natürlich nicht ganz statthaft. Aber selbst mit den „offiziellen" Klimadaten schneidet Reunion schlechter ab: Im Schnitt fallen knapp 1700 Liter Regen pro Jahr – 600 Liter mehr als bei uns.

Waschbär und Marderhund kommen hier bestens zurecht.

STECKBRIEF MARDERHUND

Wissenschaftlicher Name: Nyctereutes procyonoides („...der wie ein Waschbär aussehende Nachtwanderer")
Gewicht: bis zu 10 kg
Größe: bis zu 60 cm
Fell: fast wie ein Waschbär
Besonderheit: Kann gut auf Bäume klettern

Irgendein Spaßvogel hat den Marderhund auch schon mal als „Obstfuchs" bezeichnet.

Verwunderlich ist auf jeden Fall, dass ein Tier, das eindeutig auf Nässe steht und Hitze meidet, von uns Menschen ausgerechnet auf den Namen „Feuersalamander" getauft wurde. Und wie kam man auf die Idee, er wäre immun gegen Feuer und könnte sogar Brände löschen? Die Antwort ist ebenso einfach wie ernüchternd. Das Wissen über den Feuersalamander hatte man aus Büchern. Und was in gelehrten Büchern steht, muss richtig sein. Der Haken an der Sache: Für fast 2000 Jahre haben alle Autoren voneinander abgeschrieben. Angefangen hatte es mit Aristoteles. Der schrieb im 4. Jahrhundert vor Christus, dass der Salamander feuerfest sei – und man mit ihm Feuer sogar löschen könne. 77 nach Christus wurde er vom römischen Schriftsteller Plinius zitiert, der die abstruse Feuerlöschergeschichte in seine „Naturgeschichte" aufnahm. Von da an gab es kein Halten mehr. Was zwei der größten Genies geschrieben haben, konnte nicht falsch sein. Vor allem, wenn weitere Autoritäten ins gleiche Horn blasen. Leonardo da Vinci schrieb zum Beispiel: „Der Salamander hat kein Verdauungsorgan. Er ernährt sich nur von Feuer." Und jetzt mal ehrlich: Wer hat schon die Traute, Aristoteles, Plinius und da Vinci als Schwachköpfe zu bezeichnen?! Also muss der Salamander feuerfest sein!

Einwände gegen diese Erkenntnis wurden einfach nicht zur Kenntnis genommen, auch wenn sie von den zitierten Genies selbst kamen. Plinius selbst äußerte weiter hinten im Text leise Zweifel an der Geschichte. Aber wer liest schon das Kleingedruckte! Vor allem dann, wenn im gleichen Atemzug Folgendes zu lesen ist: „Unter allen giftigen Tieren sind die Salamander die boshaftesten ... Der Salamander kann ganze Völker vernichten, wenn sich diese nicht vorsehen."

Im Gegensatz zur namensgebenden Geschichte mit dem Feuer ist an der Nummer mit den „giftigen Tieren" wenigstens etwas dran. Gemeint ist $C_{19}H_{31}NO_3$ – das Gift Samandarin. Das ist die einzige wirksame Waffe, die ein Salamander zur Verteidigung hat. Er kann sich weder mit seinen kleinen Zähnchen noch mit scharfen Krallen wehren. Einzig sein Gift sorgt dafür, dass ein ausgewachsener Feuersalamander bei niemandem auf der Speisekarte steht. Bis in die Neuzeit glaubte man an die fatale Wirkung des Salamander-Gifts. Klettert ein Salamander auf einen Baum, dann stirbt der Baum. Fällt ein Salamander in einen Bach

Adressen

Naturparkzentrum Schwäbisch-Fränkischer Wald
Marktplatz 8
71540 Murrhardt
www.naturpark-schwaebisch-fraenkischer-wald.de
Internetseite des Naturparks, unter anderem mit einer „Naturerlebnis-Börse“.

oder Brunnen, dann ist das Wasser vergiftet. Vor diesem Hintergrund grenzt es an ein Wunder, dass es im Schwäbisch-Fränkischen Wald noch so viele Bäume gibt. Und klare Bäche.

Aber noch mal zurück zum Waschbär. Beziehungsweise zu jemanden, der sich bemüht, wie ein Waschbär auszusehen. Das ist zwar wegen des einzigartigen Pelzmusters nicht so einfach. Aber der **Marderhund** kann das. Genau wie der Kratzbär hat er das typische „Panzerknacker“-Gesicht mit dunkler Augenbinde. Und auch kurze Beine. Am Schritt kann man sie aber gut unterscheiden, denn sie „huschen“ nicht mit krummem Rücken, sie laufen aufrecht und federnd wie ein Wolf. Wie gut sie das können, zeigt sich an ihrer Einwanderungsgeschichte. „Eingewandert“ nennt man ja viele Tierarten, die aber in Wahrheit per Schiff oder Flugzeug zu uns gekommen sind. Der Marderhund hingegen ist wirklich und wahrhaftig „eingewandert“. Aus Russland machte sich die Art so ab 1930 auf den Weg in den Westen, hat also „rübergemacht“. In Baden-Württemberg sind sie sehr selten. Aber es gibt sie. Und der anfangs befürchtete negative Einfluss auf einheimische Tierarten ist bisher weitgehend ausgeblieben.

Im Reich der Könige und Schnepfen

NATURPARK SCHÖNBUCH

Der Naturpark Schönbuch ist 1972 gegründet worden – und damit der älteste in ganz Baden-Württemberg. Gleichzeitig hat er auch in Sachen Wald die Nase vorn: 86 % des Naturparks sind Wald – und damit ein perfekter Lebensraum für den „König der Wälder", den **Rothirsch**. Das mit dem „König der Wälder" ist aber eigentlich schon grundfalsch. Denn der Rothirsch ist ein Tier der Savanne. Wenn sie könnten, wie sie wollten, würden sie wie Antilopen und Gnus in der Serengeti in großen Herden durch die Steppe ziehen. Sich im Wald verstecken, das tun sie nur wegen uns.

Dazu hat er auch allen Grund, denn als bis zu 120 kg schweres Tier war er seit der Steinzeit beliebter Fleischlieferant. Und später beliebte Jagdbeute für den Hochadel. Allein bei der Hochzeit des Herzogs Carl Eugen von Württemberg wurden 1748 mehrere hundert Rothirsche geschossen – in erster Linie als Belustigung für die hochgestellten Gäste. Das Wild wurde in einer Art Arena auf die versammelte Hochzeitsgesellschaft zugetrieben und dort regelrecht hingerichtet. So was galt als unglaublicher Spaß. Da ist es kein Wunder, dass sich der Rothirsch in die Wälder zurückgezogen hat. Der Fairness halber muss man aber auch erwähnen, dass es den Tieren nach Abschaffung der Hochadelsjagden auch nicht besser ging. Im Gegenteil. So ab 1850 durften auch Bürgerliche den Rothirsch jagen. Das Ergebnis war ein dramatischer Rückgang der Bestände. Beweis dafür, dass Demokratisierung zwar vielen, aber eben nicht allen was bringt. Vor allem nicht dem „König der Wälder".

Das Faszinierende am Rothirsch ist sein majestätisches Auftreten. Für so einen wurde das Adjektiv „stolz" erfunden. Wenn man sich einen ausgewachsenen Kerl mit 1,80 m Höhe und dem Riesengeweih so anschaut – einfach beeindruckend. So sieht ein Chef aus! Dabei übersieht man allerdings die nüchterne Realität: Der männliche Hirsch hat im Rudel nichts zu sagen. Der wahre Chef ist immer weiblich! Und während Hirschkühe bis ins hohe Alter ihren warmen Platz im Rudel haben, werden alte Hirsche irgendwann rausgeschmissen und enden einsam und allein als sogenanntes

Selbst ein Rothirsch kann auf zwei Beinen stehen – wenn er will.

Männliche Jungtiere verlassen die Mutter relativ schnell. Weibliche bleiben länger.

STECKBRIEF ROTHIRSCH

Wissenschaftlicher Name: Cervus elaphus
Gewicht: bis zu 250 kg
Größe: bis zu 180 cm
Alter: um die 10–12, höchstens 20 Jahre
Besonderheit: Die Männchen finden, dass sich Urin nicht nur zur Reviermarkierung eignet, sondern auch ein prima Deo abgibt.

„spare male", also „überflüssiges" Männchen. So sieht's aus.

Im 40 km² großen Rotwildgatter des Naturparks kann man sich ein schonungsloses Bild vom Leben eines Rothirsches machen. Der Höhepunkt im Leben eines solchen Exemplars ist es, Platzhirsch zu werden – und wenn möglich zu bleiben. Und das bedeutet einen lebenslangen Kampf. Alles beginnt außerhalb der Brunftzeit. Junge und alte Hirsche bilden zusammen ein Hirschrudel, das relativ demokratisch organisiert ist. Es gibt keinen regelrechten Chef, wohl aber eine klare Rangordnung. Diejenigen mit dem größten Geweih sind wichtiger als diejenigen mit kleinem. Unerquicklich wird's für die älteren Tiere (die meistens das größere Geweih haben) ab Februar. Dann verlieren nämlich erst die Älteren ihr Geweih – und die Jüngeren mucken auf. Was sie allerdings ein paar Wochen später bereuen, wenn sie selbst ihr Geweih abwerfen. Dann sind die größeren wieder im Vorteil. Man prügelt sich jetzt mangels anderer Waffen mit den Vorderläufen. Und die älteren und größeren haben eine größere Reichweite – wie beim Boxen.

Wachsen dann die neuen Geweihe nach, geht alles wieder von vorne los. Ergebnis: Man hat nie Ruhe im Leben. Platzhirsch wird nur, wer es mittelfristig ohne größere Verletzungen bis in den September schafft. Denn dann geht der eigentliche Kampf erst richtig los. Am Ende der Brunftkämpfe, die wirklich sehenswert sind und von lautstarkem Röhren begleitet werden, steht dann endlich ein Sieger fest. Und wie sieht dessen Leben jetzt aus? Erbärmlich, wenn wir mal ehrlich sind. Ständig unternehmen einige Weibchen aus seinem Rudel Fluchtversuche, die er vereiteln muss. Ständig schleichen sich jugendliche Liebhaber an, die mit seinen Weibchen intim werden wollen. Er muss sie vertreiben. Und darüber hinaus muss er seine Umgebung und sich selbst ständig einpinkeln, um in seinem Revier Duftmarken zu setzen. Und wofür das alles? Für nichts – abgesehen von ein paar Minuten Vergnügen. Denn nach vollzogener Paarung spielt der Rothirsch keine Rolle mehr. Familienleben? Für ihn Fehlanzeige! Ein inniges Verhältnis bleibt den Weibchen vorbehalten. Das gilt übrigens auch schon für die Jungtiere. Während Weibchen mit Unterbrechungen lebenslang in der Nähe der Mutter bleiben können, werden männliche Nachkommen spätestens mit zwei Jahren rausgeschmissen.

Wenn Sie also das nächste Mal einen Rothirsch majestätisch auf einer einsamen Lichtung röhren

Ein Hauch von Orinoko: Hier holen sich Tiere und Menschen nasse Füße.

sehen – haben Sie Mitleid! Es sind im wahrsten Sinne des Wortes Schreie nach Liebe. Und sie verhallen meist ungehört.

Auch bei einem anderen Tier haben die Männchen keine guten Karten. Bei der **Waldschnepfe**. Die hat es aber traditionell nicht durch die Weibchen schwer, sondern durch uns Menschen. Eine männliche Waldschnepfe hat nämlich das Problem, in der Blüte der Libido berechenbar zu werden. Dann geht es auf den Schnepfenstrich. Das ist kein Scherz, das heißt wirklich so. Gemeint ist, dass das Männchen den Weibchen immer laut rufend hinterherfliegt, wenn es Liebe will. Damit macht es aber die Jäger auf sich aufmerksam. Und weil es immer die Männchen sind, die hinterherfliegen, weiß der Jäger immer, auf wen er anlegen muss. Die Weibchen werden nämlich noch zur Aufzucht der Jungen gebraucht und vom Jäger verschont. Erwischen tut's mithin nur die Männchen. Auch eine Art, sein Leben als „spare male" auszuhauchen.

Dazu muss man aber auch anmerken, dass die Weibchen nichts dafür können. Weder provozieren sie die Nachstellungen, noch locken sie die Männchen gezielt zu den Jägern. Es passiert ihnen einfach. Umso ungerechter ist es, dass die Bezeichnung „Schnepfe" als Schimpfwort gebraucht wird. Sogar Shakespeare entblödete sich nicht, in „Der Widerspenstigen Zähmung" vom Schnepfenhirn zu schreiben, wenn er himmelschreiende Blödheit beim Namen nennen wollte. Im Deutschen sprechen wir zwar eher vom Spatzenhirn (was genauso fragwürdig ist), aber in alten Lexika ist die dumme Schnepfe auch noch vertreten. Und im Internetangebot des Duden findet man zum Stichwort „Schnepfe" folgende Synonyme: „Callgirl, Dirne, Nutte, Prostituierte, Strichmädchen". Und das ist wieder mal typisch. Die Männchen paaren sich mit bis zu vier Weibchen, aber die Weibchen werden als Schlampen bezeichnet. Das geht – wenn wir mal ehrlich sind – so ganz und gar nicht. Im Schulterschluss mit Alice Schwarzer sollten wir eine Lanze für die Schnepfe brechen, die als alleinerziehende Mutter jedes Jahr zwei Bruten großzieht. Und ganz klar festhalten: Der Naturpark als einer der beliebtesten Lebensräume für Schnepfen im ganzen Südwesten ist mitnichten von moralisch fragwürdigen Gestalten bevölkert; im Gegenteil. Wir sollten uns andere Beleidigungen ausdenken. Und endlich damit aufhören, uns gegenseitig Tiernamen zu geben – im Guten wie im Schlechten.

Der Pinocchio des Tierreichs: Der Schnabel ist länger als die Beine (ohne zu Lügen).

Adressen

Naturpark-Informationszentrum
Im Schloss
72074 Tübingen-Bebenhausen

www.naturpark-schoenbuch.de
Internetangebot mit allen Informationen zu den Wildgehegen im Naturpark.

STECKBRIEF WALDSCHNEPFE

Wissenschaftlicher Name: Scolopax rusticola
Gewicht: rund 400 Gramm
Größe: etwa 35 cm
Spannweite: 65 cm
Schnabel: gerade, bis zu 7 cm lang
Besonderheit: angeblich promiske Lebensweise; vom Verhalten her also eher ein Single, der auf Sex und Kinder trotzdem nicht verzichten will. Das hat den Vogel offensichtlich in Verruf gebracht. Und macht es schwierig, den Bestand genau zu bestimmen: Den ansonsten beliebten Begriff der „Brutpaare" kann man mangels Paarbildung nicht anwenden.

Flanzen, Fiecher, Heimat

BIOSPHÄRENGEBIET SCHWÄBISCHE ALB

Die Sprache der Biologen und Naturschützer wird oft als etwas „sperrig" wahrgenommen. Das liegt vor allem daran, dass sie genau das ist. Wenn Männchen größer als Weibchen sind, dann ist das nicht einfach ein Größenunterschied, sondern ein Geschlechtsdimorphismus. Sind die Weibchen größer als die Männchen, dann ist das ein inverser Geschlechtsdimorphismus. Man muss den Biologen allerdings zugute halten, dass schließlich jede Berufsgruppe ihre eigene Sprache hat. Wird zum Beispiel etwas geklaut, dann heißt das im Juristendeutsch ja auch nicht einfach Diebstahl, sondern „Wegnahme fremdbeweglichen Eigentums unter Zueignungsabsicht".

Im Naturschutz wird die Sache dadurch nicht einfacher, dass die Natur auch über Ländergrenzen hinweg geschützt werden muss. Ein Weißstorch kümmert sich schließlich nicht darum, in welchem der 17 Länder er sich gerade auf seinem Zug befindet. Und weil der Naturschutz international geworden ist, muss natürlich auch die Sprache international sein. „Natura 2000" ist zum Beispiel ein europäisches Netz aus Schutzgebieten, die auf der sogenannten „FFH-Richtlinie" beruhen. FFH steht dabei für „Flora-Fauna-Habitat". Der Begriff hat den Vorteil, dass jeder zwischen Portugal und Baltikum dasselbe meint, wenn darüber geredet wird. Und nicht von „reserva ecológica" oder „dabas rezerv ts". Die Anregung, das Ganze „FFH" zu nennen, kam übrigens von uns Deutschen. Wahrscheinlich, weil wir uns den Begriff relativ leicht eindeutschen können: „Flanzen, Fiecher, Heimat".

Mit einem anderen Begriff tun wir uns da schwerer: „biosphere reserve". Den kann man nicht richtig eindeutschen, sondern nur übersetzen: „Biosphärenreservat". Als die UNESCO den Begriff 1970 vorschlug, taten sich viele in Deutschland auch schwer mit dem Begriff. Was zum Teufel soll bitte schön eine „Biosphäre" sein? Und im „Reservat" wohnen nur Indianer. So ist es auch kein Wunder, dass es 20 Jahre dauerte, bis in den alten Bundesländern das erste Biosphärenreservat gegründet wurde. In der DDR war man schneller; schon 1979 gab es das „Biosphärenreservat Vessertal-Thüringer Wald". Aber diese mangelnde Scheu hatte vielleicht auch was damit zu tun, dass Indianer im Osten wesentlich beliebter waren als im Westen. Schließlich wurden einige neugeborene Menschenkinder ja auch auf die Namen Winnetou Kowalski und Ntschotschi Herrmanns getauft.

Im Südwesten hat man sich mit einem Trick beholfen. Das 2008 gegründete Biosphärenreservat Schwäbische Alb heißt nicht Biosphärenreservat, sondern Biosphärengebiet. Und mit dem Restbestandteil „Biosphäre" können alle gut leben. Er umfasst den gesamten Lebensraum, also Natur und Menschen. Und das ist der Kern des UNESCO-Programms. Naturschutz, regionale Entwicklung, Erholung, Umweltbildung und Forschung. Die Natur soll großräumig geschützt werden, der Mensch darin sein Auskommen haben. Im Weltnetz der Biosphärenreservate befindet sich die Schwäbische Alb in erlauchter Gesellschaft; man ist im gleichen Club wie Serengeti, Yellowstone und Rocky Mountains. Das mag sich jetzt etwas hoch gegriffen anhören; schließlich können wir nicht mit Elefant, Nashorn, Löwe und Leopard aufwarten.

Die meisten leckeren Sachen haben immer irgendwie stachelige Abwehrmechanismen.

In Sachen Artenvielfalt brauchen wir uns aber nicht zu verstecken; auch wenn unsere Tiere etwas kleiner ausfallen als in der Serengeti.

Und ganz nebenbei bemerkt ist es noch gar nicht so lange her, dass wir auch in Sachen „Big Five“ auf Augenhöhe waren. Vor 40 000 Jahren lebten bei uns Mammuts, Wollnashörner, Leoparden und Löwen. Die Schwäbische Alb war damals der Serengeti gar nicht so unähnlich. Offenes Land bot großen Pflanzenfressern einen idealen Lebensraum. Durch den Albtrauf gab es einen leicht zu bewältigenden Anstieg auf die grasreiche Hochfläche, was zu den gleichen jahreszeitlichen Tierwanderungen führte wie heute in Ostafrika, wo die Tiere immer dem Regen und damit dem frischen Gras hinterherziehen. Und damit natürlich auch den Jägern ihre Mobilität aufzwingen. Dazu gehörten die großen Raubtiere, von denen die Steinzeitkünstler der Schwäbischen Alb großartige Kunstwerke geschaffen haben, und eben auch die Menschen. Die vermeintlichen „Höhlenmenschen“ lebten nicht in Höhlen, sondern in Zelten – und zogen mit den Tierherden nomadisierend durchs Land. Höhlen schätzten sie aber als Unterschlupf und für den Winter. Auch deshalb war die Alb für unsere Vorfahren so wertvoll, denn Höhlen gibt es viele.

Heutzutage sind die Arten zwar kleiner geworden, aber nicht weniger. Fast 100 Bienenarten, fast 100 Tagfalterarten, fast 40 Heuschreckenarten, 16 Fledermausarten und über 100 verschiedene Vogelarten zeugen von einer vielfältigen Naturausstattung. Das liegt auch an der Vielfalt der Lebensräume. Dazu gehören die Schluchtwälder, karge Rasenflächen (und damit ist nicht der keimfreie Gartenrasen gemeint, auf dem außer Grashalmen nichts wachsen darf und sogar Gänseblümchen unerwünscht sind), Heiden, Streuobstwiesen und offene Savannenflächen. Gerade die offenen Flächen verdanken wir dem Einfluss des Menschen. Völlig unbewirtschaftete Gegenden neigen dazu, sich zu bewalden. Zumindest dann, wenn es keine großen Tierherden mehr wie in der Steinzeit gibt. Das nennt man dann übrigens auf schlau „natürliche Sukzession“, die durch die „Megafauna“ verhindert wurde. Zu dieser Megafauna gehörten die großen Pflanzenfresser wie Auerochsen, Wisente, Altelefanten, Elche und Hirsche.

An deren Stelle traten ab dem Mittelalter die Schafherden. Die betrieben, ohne dass es den Menschen bewusst war, Naturschutz mit den Zähnen. Dieser Aspekt war den Leuten damals aber völlig schnurz. Wichtig war, dass der Wald zurückgedrängt wurde und karge Böden, die keinen Ackerbau zuließen, sinnvoll genutzt wurden. Die Einnahmen der Wanderschäfer beruhten auf einer Mischfinanzierung: Fleisch plus Wolle ergaben den Lebensunterhalt. Im 20. Jahrhundert kam die eher grobe Wolle unserer Schafe aber aus der Mode. Es gab feinere Stoffe zu kleineren Preisen – und mit der Wanderschäferei ging's bergab. Als Folge davon wurden dann auch die Heiden erst

Der Streifen auf dem Rücken ist auffälliger als das namensgebende Kreuz.

kleiner, dann seltener, weil die „natürliche Sukzession“ einsetzte. Dazu kam eine Erfindung, die ein Segen für die Menschheit war. 1905 erfand der Chemiker Fritz Haber die katalytische Ammoniaksynthese, die Grundlage zur Produktion von Kunstdünger. Damit konnte man auch auf kargen Böden Ackerbau betreiben; und die Ernährungsgrundlage wurde breiter.

Kunstdünger wurde seither so flächendeckend verwendet, dass es in ganz Deutschland nur noch eine Handvoll Böden gibt, die in ihrem Leben noch nie mit Kunstdünger in Kontakt kamen. Einer dieser Orte ist der ehemalige Truppenübungsplatz Münsingen. Er wurde bereits 1895, also vor der Erfindung des Kunstdüngers, gegründet. Und weil weder das württembergische Armeekorps, die Reichswehr, die Wehrmacht, die Forces armées françaises noch die Bundeswehr ein Interesse an gedüngten Böden hatten, blieb der Truppenübungsplatz jungfräulich. Als der Platz 2006 aufgegeben wurde, gelangte er als „Nationales Naturerbe“ in den Besitz des Naturschutzes. Ein Grund dafür waren – so verblüffend sich das anhört – die Spuren, die von Panzern im Boden hinterlassen wurden. Mehr als 1800 Tümpel verdanken ihre Entstehung der Belastung durch 50 Tonnen schwere Kettenfahrzeuge, die den Boden zerfurcht haben. Das Besondere an ihnen: Sie trocken manchmal aus und fallen trocken. Was sich jetzt erstmal eher ungünstig anhört, ist aber ein Glücksfall für Tiere, die zum Beispiel mit Fischen nicht im selben Teich leben können.

Eins davon ist die **Kreuzkröte**. Die steht leider auf der menschlichen Beliebtheitsskala nicht ganz oben. Im Märchen ist sie das Tier, in das man von einer bösen Hexe verwandelt wird. Und selbst wenn die Gebrüder Grimm von einem Frosch sprechen, machen die Filmregisseure eine Kreuzkröte draus. Weil die ekliger aussieht. Zugegeben, Kreuzkröten sind keine langbeinigen Schönheiten. Sie haben kurze Beine (selbst im Vergleich zu anderen Kröten) und können deshalb nicht weit springen, sondern nur krabbeln. Auch haben sie nicht unbedingt die glatteste, makelloseste Haut. Aber schöne Augen haben sie. Selbst Marilyn Monroe hätte sie um ihren lasziven Blick beneidet. Vielleicht trägt sie deshalb ihren lateinischen Namen: Calamita. Das kommt aus dem Italienischen und bedeutet „Magnet“. Und ein magnetischer, fesselnder Blick kann schließlich selbst beim pubertierenden Menschen von unreiner Haut ablenken.

Das Leben der Kreuzkröte ist im wahrsten Sinne des Wortes spannend. Und das beginnt schon in frühester Kindheit. Die Larve schlüpft in einem Gewässer, das man kaum als solches bezeichnen kann. Meist sind es nur kleine Tümpel oder sogar nur Pfützen oder tiefe Fahrspuren. Haben die sich nach Regenfällen mit Wasser gefüllt, wird hier der Nachwuchs in sogenannten Laichschnüren abgelegt. Und jetzt beginnt ein Rennen gegen die Zeit. Im Sommer ist es nur eine Frage der Zeit, bis die Pfütze austrocknet. Und bis dahin muss die Kröte aus dem Kaulquappenalter raus sein; sonst stirbt sie. Es ist ein Wettrennen

Es ist stark zu bezweifeln, dass so ein Tier eine massive Goldkugel heben könnte. Selbst mit Aussicht auf ein gutes Essen und eine Nacht mit einer Prinzessin.

Ähnelt vom Gefieder her ein bisschen dem Bienenfresser – nur weniger farbenfroh.

Hat keine Haare auf der Zunge, sondern Zähne: Die Weinbergschnecke.

Adressen

Biosphärenzentrum
Von-der-Osten-Straße 4
72525 Münsingen
www.biosphaerengebiet-alb.de

gegen Sonne und Verdunstung, das die meisten der Kröten verlieren. Nur ein Bruchteil der mehr als 2000 Eier schafft es, erwachsen zu werden.

Das gleiche Rennen macht auch eine andere Art mit: die Gelbbauchunke. 2014 war sie „Lurch des Jahres“. Zusätzlich zur warzigen Haut, die aus menschlicher Sicht eher unattraktiv wirkt, kann die Gelbbauchunke auch noch stinken. Sie produziert ein widerlich riechendes und schmeckendes Gift, das ihr bei den meisten Tieren einen Platz abseits der Speisekarte sichert. Prickelnd geht's aber auch dieser Art nicht, weil sie nur noch wenige geeignete Lebensräume findet. Auf offenen Flächen wird Landwirtschaft betrieben, ungenutzte Flächen sind oft verbuscht, sodass die Tümpel im Schatten liegen. Und das Wasser damit zu kalt ist. Orte wie der ehemalige Truppenübungsplatz Münsingen sind deshalb so wichtig. Es sind richtige Krötenparadiese in Deutschland; und ein Platz an der Sonne für das Tier mit den schönsten Augen überhaupt. Die sind bei der Gelbbauchunke nämlich herzförmig. Vielleicht wäre es gar nicht so verkehrt von den Gebrüdern Grimm gewesen, verliebte Prinzen als Gelbbauchunken auftreten zu lassen.

Apropos Gebrüder Grimm: Die haben auch über einen anderen Bewohner der Schwäbischen Alb geschrieben, den **Neuntöter**: „neuntödter oder neunmörder wirt er geheiszen, dasz er alle tag neun vögel tödten sollt.“ Und das haben sie nicht im Märchenbuch geschrieben, bei dem ja alles irgendwie Hörensagen ist. Sondern in ihrem Deutschen Wörterbuch. Das war damals die Weisheit in Buchform.

Der Neuntöter hatte also keinen guten Ruf: Ein kleiner Singvogel, der sich benimmt wie ein Falke. Dabei sind die Geschichten über ihn und seine Mordlust maßlos aufgebauscht. Mitnichten tötet er jeden Tag neun Vögel. Den größten Teil seiner Beute machen Insekten wie Käfer aus. Aber – es stimmt – er kann auch Kleinsäuger und Vögel fangen. Allerdings passiert das eher selten. Was ihn aber als mordlüstern erscheinen lässt – und was der wirkliche Grund für seinen Namen ist: Er kann dabei beobachtet werden, wie er seine Beutetiere an Stacheln aufspießt. Dazu ist sein Lebensraum ideal; am liebsten wohnt und brütet er in stachligen Gebüschen, weil er hier gut geschützt ist. Gleichzeitig bieten ihm die Stacheln die Möglichkeit, gefangene Beute aufzubewahren. Genau wie wir Lebensmittel in den Küchenschrank packen, so lagert der Neuntöter seine Beute in Büschen (und manchmal sogar an Stacheldrahtzäunen). Das macht er, weil er auch für schlechte Tage vorbaut. Bei Regen zum Beispiel ist der Insektenfang wenig erfolgversprechend. Da ist eine gefüllte Speisekammer von Vorteil. Auch, wenn's makaber aussieht. Glücklicherweise stört er sich nicht daran. Ein voller Magen ist ihm wichtiger als sein Ruf.

Einer seiner bevorzugten Lebensräume sind zum Beispiel die Wacholderheiden der Schwäbischen Alb. Die offene Landschaft mit einer unglaublichen Fülle an Insekten bietet ihm beste Chancen. Daneben kann er in den Wacholderbüschen prima seine Nester bauen. Wirklich erstaunlich ist Folgendes: In England ist der Neuntöter praktisch ausgestorben. Und das trotz der englischen Vorliebe für Gin. Wacholderheiden sollte es mithin genügend geben; schließlich kommt James Bond nicht ohne Martini aus. Und ohne die schützende Wirkung von Gin Tonic gegen das Sumpffieber hätten die Engländer niemals ihr Weltreich erobern können. Aber das zeigt nur, dass Wacholderheiden und ihre Produkte allein eine Vogelart nicht retten können. Alkohol hilft nicht immer.

Das Biosphärenreservat (upps, jetzt ist es doch noch rausgerutscht!) Schwäbische Alb ist auch die Heimat eines der am meisten unterschätzten Tiere – nicht nur im Südwesten, sondern weltweit. Als das am meisten gefürchtete Raubtier gilt ja der Hai. Seine Fress- und Angriffslust sowie sein Revolvergebiss mit immer nachwachsenden Zähnen machen ihn zum Killer schlechthin. Aber vergleichen wir diesen Killer der Meere mal mit einem Bewohner der Alb, der **Weinbergschnecke**. Ein Hai bringt es auf knapp 30 000 Zähne. Aber

das kommt dadurch, dass ihm seine Zähne immer wieder nachwachsen. Wenn er aktuell zubeißt, sind es längst nicht so viele (zugegebenermaßen ein schwacher Trost für die betroffenen Robben). Eine Weinbergschnecke hat 40 000 Zähne – und zwar immer und gleichzeitig. Als Mordmaschine wird sie gleichwohl nicht angesehen, weil sie lieber an Pflanzenteilen nagt als an den Beinen von Surfern.

Während Haie sich vor allem gegenüber anderen Tierarten nicht gerade nett verhalten, sind Weinbergschnecken auch Artgenossen gegenüber nicht gerade zimperlich. Das äußert sich auch und gerade beim Liebesspiel. Mit einem freundlichen Umwerben, leise gesäuselten Liebesschwüren hat das wenig zu tun. Weinbergschnecken jagen sich gegenseitig sogenannte Liebespfeile in den Körper – ein Zentimeter lange Speere, mit denen Hormonsekrete abgegeben werden. Von Zärtlichkeit also keine Spur. Abschließend könnte man sagen, dass ein Hai angesichts einer Weinbergschnecke eindeutig das Weite suchen würde. Aber der Hai hat Glück, denn seit sich das Jurameer, das vor 150 Millionen Jahren die Schwäbische Alb bedeckte, zurückgezogen hat, finden Begegnungen eher selten statt.

STECKBRIEF WEINBERGSCHNECKE

Wissenschaftlicher Name: Helix pomatia (nach „Pomarium" – Obstgarten. In den meisten Ländern der Welt hat der Name übrigens nix mit Alkohol zu tun. Ihr Alias im Südwesten klingt aber sowieso besser: „Schwäbische Auster")

Gewicht: 30 Gramm

Größe: bis zu 10 cm

Haus: 5 cm Durchmesser

Alter: bis zu 20 Jahre

Besonderheit: Für sie wurde die Schneckenpfanne erfunden. Das hat sie den meisten Tieren voraus (es gibt schließlich keine „Löwenpfanne").

Mammut, Dachs und Löwenköpfchen

LONETAL

Es gibt einige Tiere, denen wir Menschen ein Denkmal gesetzt haben. Dazu gehören Balto (der heldenhafte Schlittenhund, der 1925 ein Medikament gegen die Diphtherie durch halb Alaska gebracht hat und so die Bevölkerung rettete), die Hündin Laika (die von den Sowjets als erstes Lebewesen in den Weltraum geschossen wurde) und ein paar andere, die zum Beispiel auf Briefmarken oder in Gemälden verewigt wurden. 2013 wurde in London ein Denkmal für tierische Kriegsopfer eingeweiht; Tiere, die im Dienst der Armee ihr Leben ließen, wie zum Beispiel Kavalleriepferde, Maulesel, Hunde etc. ...

Ein Tier, dem wir sehr viel zu verdanken haben, haben wir allerdings vergessen. Nicht nur, dass wir ihm kein Denkmal gesetzt haben; wir haben ihm noch nicht einmal einen Namen gegeben. Das Tier ist nur noch eine Randnotiz. Und hat uns doch mehr Erkenntnisse über unsere Geschichte beschert als hunderte Archäologen zusammengenommen. Die Rede ist von einem **Dachs**, der vor knapp 80 Jahren im Lonetal lebte.

Dachse an sich haben jetzt nicht unbedingt den unbändigen Willen, uns Menschen zu Erkenntnisgewinn zu verhelfen. Dieser Dachs tat es trotzdem. Unfreiwillig zwar, aber doch mit ungeheuren Auswirkungen auf die Weltgeschichte. All das geschah an einem schönen Tag Anfang Mai 1931. Der Dachs entschloss sich, seinen Bau am sogenannten Vogelherd, einem von vielen Hügeln im Lonetal, zu verschönern. Also kroch der Dachs – Kopf voran – in seinen Bau und schaufelte alles raus, was nicht in den Bau gehörte. Dazu gehörten unter anderem Knochen und Feuersteinfragmente. Die fand ein Heimatforscher – und damit war die ruhige Zeit für den Dachs vorbei. Innerhalb von nur 3 Monaten wurde die komplette, 40 m lange Vogelherdhöhle ausgegraben. Und man fand die ältesten figürlichen Kunstwerke der Erde.

Vor 40 000 Jahren konnten unsere Vorfahren schon weitaus mehr als Speere schleudern und Feuer machen. Sie erschufen Tierfiguren aus Mammutelfenbein und Knochen: Löwen, Wildpferde, Mammuts und andere Tiere, die früher hier gelebt

Die Vogelherdhöhle: Was aus einem kleinen Dachsbau so alles werden kann!

Archäologisch auf Augenhöhe mit dem Taj Mahal und den Pyramiden – die Vogelherdhöhle.

Eiserne Jungfrauen gibt's viele, steinerne Jungfrauen nur wenige.

Adressen

Archäopark Vogelherd
Am Vogelherd 1
89168 Niederstotzingen
www.archaeopark-vogelherd.de
Wunderbarer Park mit Museum, genau an der Stelle, an der der Dachs gegraben hat. Ausgestellt ist unter anderem ein sensationelles Mammut aus Elfenbein. Nur ein paar Millimeter groß, aber mit allen Details – geschnitzt vor 40 000 Jahren ohne Brille oder Lupe. Von hier aus kann das restliche Lonetal erkundet werden. Unter anderem Höhlen, in denen der Löwenmensch gefunden wurde.

haben. Der frühe Mensch hatte also schon ein Gefühl für Kunst – hatte also Kultur!

Die damals an den Grabungen beteiligten Archäologen wurden zu Berühmtheiten, der Dachs wurde obdachlos. Denn kurz darauf fing man an, überall im Lonetal nach Zeugnissen unserer Vorfahren zu graben. Und Hinweis Nr. 1 auf mögliche Höhlen waren (und sind noch heute) immer Tierbauten. Wo die sich nämlich mit ihren Pfoten durch den Kalkstein graben können, müssen Hohlräume im Fels sein. Und diese Hohlräume wurden von unseren Vorfahren als Unterschlupf genutzt. Die archäologische Aufbruchstimmung, die das Lonetal weltbekannt machte, läutete schlechte Zeiten für den Dachs sein.

Und dann wurde alles nur noch schlimmer, als man auch noch anfing, die weit verbreitete Tollwut zu bekämpfen. Bis in die 70er-Jahre machte man das durch die Begasung von Fuchsbauten. Weil man dabei auf Nummer sicher gehen wollte, begaste man alle Bauten, die ungefähr Form und Größe von Fuchsbauten hatten. Dazu gehören auch die Dachsbauten. In der Folge gingen die Bestände des Dachses bundesweit dramatisch zurück. Das mag auch daran liegen, dass für Dachse ein Bau nicht einfach eine Behausung ist, sondern Heimat. Ein Dachsbau wird – wenn irgend möglich – über Generationen vererbt und weitergenutzt. Weil der Dachs keine natürlichen Feinde hat, die

Vor 30 000 Jahren hatte man auf der Alb gute Chancen, von einem Mammut über den Haufen gerannt zu werden.

Der Hohlensteinstadel: Vom Eingang aus hatten unsere Vorfahren einen perfekten Blick auf vorbeiziehende Tiere.

In dieser Höhle wurde der berühmte Löwenmensch gefunden. Ob auch hier ein Dachs dabei geholfen hat, ist leider nicht überliefert.

ihm bei uns gefährlich werden können, kommt er nach Störungen unerschrocken zurück. Und rennt bei einem vergasten Bau in sein Verderben.

Mittlerweile hat sich der Dachs von diesen Nachstellungen aber grundsätzlich erholt. Das liegt vor allem daran, dass er ein ziemlich vielseitiger Allesfresser ist, der fast überall was zu beißen findet. Am liebsten mag er Regenwürmer, Käferlarven, Vogeleier und sonstige kleine Leckerbissen – sozusagen Fingerfood. Daneben weiß er auch vegetarische Kost zu schätzen – vor allem im Sommer frisst er fast alles, was wächst, egal ob Obst, Getreide, Beeren oder Wurzeln. Kurz gesagt rettet ihn seine geschmackliche Flexibilität vor ausgesprochenen Hungerzeiten. Irgendwas wächst oder gedeiht immer.

Das zweite Erfolgsrezept ist sein – wenn man so sagen darf – ausuferndes, in unseren Augen freizügiges Sexualleben. Und eine weitgehende Gleichberechtigung von Mann und Frau. Sowohl Männchen als auch Weibchen paaren sich mit mehreren Partnern. Und das nicht nur in einer bestimmten Paarungszeit, sondern ganzjährig. So was wie Monogamie erscheint den Tieren eher abwegig. Es sei denn, die Auswahl ist beschränkt. Dann nehmen sie es wohl oder übel hin. Ist aber langweilig.

Die Lone – früher ein großer Strom, heute eine Rinnsal. Aber ein schönes!

Die meisten Sexualkontakte gibt's im Frühjahr nach der Geburt der Jungen. Die Paarung findet meistens außerhalb des Baus statt, sodass man zwischen Februar und Mai die größten Chancen hat, Dachse in freier Wildbahn zu beobachten. Das liegt vor allem daran, dass Sex beim Dachs eine laute Veranstaltung ist. Das heißt, erst hört man die Dachse, dann sieht man sie. Dass trotz der ganzjährigen Paarungen der Nachwuchs trotzdem immer erst im Frühjahr geboren wird, liegt daran, dass Mutter Natur einen geschickten Kniff gefunden hat: die Keimruhe. Die befruchtete Eizelle wartet mit ihrer Entwicklung so lange, bis das Wetter wieder besser wird. Und die Jungen im Frühjahr ihre ersten Schritte frostfrei machen können.

Genau dann kommt auch eine Charaktereigenschaft zum Tragen, die den Tieren immer zugeschrieben wurde: ihre Reinlichkeit. Bekannt ist, dass Dachse ihre Notdurft in festen Toiletten neben ihrem Bau verrichten. Daraus schloss man, dass sie sehr penibel seien, was häusliche Ordnung angeht. Alfred Brehm beschrieb nun in seinem Tierleben: „Während des Wochenbettes wird es dem Weibchen schwer, die sonst musterhafte Reinlichkeit, welche im Baue herrscht, zu erhalten; denn die ungezogenen Jungen sind natürlich noch nicht so weit herangebildet, um jene hohe Tugend zu würdigen. Da hat nun die Alte ihre liebe Noth, weiß sich aber zu helfen. Neben dem Kessel legt sie noch eine besondere Kammer an, welche der

Dieser Wanderweg durchs Lonetal führt durch 40.000 Jahre Menschheitsgeschichte. Das verdanken wir dem Dachs.

Die Pfotenabdrücke eines Dachses ähneln unseren Handabdrücken auffallend. Zumindest, wenn wir im weichen Boden bergauf krabbeln.

kleinen Gesellschaft als Abtritt dienen und zugleich alle Nahrungsstoffe aufnehmen muß, welche die Jungen nur theilweise verzehren."

Als Brehm das schrieb, ging er aber auch noch davon aus, dass Dachse griesgrämige Einzelgänger seien. So griesgrämig, dass es kein Männchen länger mit dem Weibchen aushalten könne. Dachsweibchen seien deshalb zwangläufig alleinerziehend. Und was das Leben so einer Mutter weiter zur Hölle macht, ist das fehlende Benehmen des Nachwuchses: „... Dachse sind geradezu abscheuliche Thiere, jeder Behandlung oder Erziehung unzugänglich, faul, mißtrauisch, tückisch und bösartig." Was viele Menschen aber nicht daran hinderte, sich einen Dachs als Haustier zu wünschen – und sie zu zähmen. Sollten Sie auch daran gedacht haben, trotz aller Warnungen seitens Alfred Brehm, dann lesen sie sein Fazit: „Trotz vieler lobenswerthen Eigenschaften des Dachses möchte ich denselben doch nicht als Hausthier für Jedermann empfohlen haben, am allerwenigsten aber als Spielkameraden für Kinder. Abgesehen von seinen oft sehr derben Späßen hat er die üble Gewohnheit, vor unliebsamen Erscheinungen aufs heftigste zu erschrecken. Er fährt dann zitternd und schnaufend eine Strecke zurück, sträubt das Haar und schießt aus reiner Verzweiflung tollkühn auf den Gegenstand seines Schreckens los." Also bitte, bitte, bitte: Lassen Sie den Dachs im Lonetal. Und holen sie sich keinen ins Haus.

STECKBRIEF DACHS

Wissenschaftlicher Name: Meles meles
Gewicht: um die 15 kg
Länge: fast 1 Meter
Alter: bis 15 Jahre
Verwandtschaft: hört auf so klangvolle Namen wie Honigdachs und Sonnendachs. Es gibt aber auch Stinkdachse.

Methusalem und blaue Frösche

OBERSCHWÄBISCHES HÜGELLAND

Es gibt einen spannenden Begriff aus der Raumplanung, der „Verfügbarkeit von Landschaft für die Bevölkerung" heißt. Damit ist die Fläche Natur gemeint, die jedem Bewohner außerhalb der Siedlungen zum Durchschnaufen zur Verfügung steht. Was für die menschlichen Bewohner gilt, gilt natürlich auch für die Tiere. Je mehr freie Landschaft, desto mehr freie Wildbahn. Das Oberschwäbische Hügelland hat dabei die Nase ganz weit vorn in Baden-Württemberg.

Zum Teil liegt das daran, dass ausgedehnte Moorgebiete in der Vergangenheit als „unbewohnbar" galten. Das Paradebeispiel ist das Pfunger-Burgweiler Ried. Das unwirtliche Moorgebiet im Dreiländereck Baden, Württemberg und Hohenzollern war der Rückzugsraum des Xaver Hohenleitner, des berühmten „Schwarzen Veri". Der Räuberhauptmann war das, was einem deutschen Robin Hood mit Sicherheit am nächsten kam. Er tötete und plünderte nicht, sondern raubte vor allem Dinge des täglichen Bedarfs; Kleidung und Nahrungsmittel. Während die Frauen seiner Bande die Opfer an der Vordertür ablenkten, drang er durch die Hintertür ins Haus ein. Das passierte meist ohne Gewaltanwendung, das heißt, heute käme er mit einer Bewährungsstrafe davon – wenn überhaupt. Damals war das ein todeswürdiges Verbrechen, und die Obrigkeit dämonisierte ihn als schrecklichen Gewalttäter. Dass Hohenleitner nicht so berühmt wurde wie Robin Hood, sein Leben nicht mit Russell Crowe oder Kevin Costner verfilmt wurde, liegt einzig und allein daran, dass der Spuk nur knapp 12 Wochen dauerte. Mithin hatte der Schwarze Veri zu wenig Zeit, um weltweit Anerkennung zu finden. Darunter litt natürlich auch die Bekanntheit des Pfrunger Rieds.

Genau wie im Wald bei Nottingham versuchte man auch im Ried, den verbrecherischen Sumpf im wahrsten Sinne des Wortes auszutrocknen. Man siedelte Menschen an, die die Gegend urbar machen sollten (genau wie die Engländer in Erwägung zogen, den Sherwood Forest zu roden). Das ist – aus heutiger Sicht glücklicherweise – nicht restlos gelungen. Neben dem Federsee ist das Pfunger Ried nach wie vor das zweitgrößte zusammenhängende Moorgebiet im Südwesten. Und bietet Tieren eine sichere Heimat, die es sonst schwer haben in Deutschland. Ein Beispiel ist die

Ein Erfolgsmodell der Evolution: Schildkröten gibt es seit mehr als 200 Millionen Jahren.

STECKBRIEF EUROPÄISCHE SUMPFSCHILDKRÖTE

Wissenschaftlicher Name: Emys orbicularis („Die Kreisrunde")

Größe: über 20 cm

Gewicht: bis 1,5 kg

Titel: Reptil des Jahres 2015

Besonderheit: Liegt die Temperatur der Eier unter 28 °C, dann schlüpfen männliche, bei mehr als 29 °C weibliche Schildkröten. Dazwischen ist es dem Zufall überlassen.

Derzeit wird im Rahmen von Nachzuchtprogrammen versucht, dem Bestand der „Kreisrunden" wieder auf die Beine zu helfen.

Europäische **Sumpfschildkröte**, das Reptil des Jahres 2015. Die Sumpfschildkröte ist in Deutschland vom Aussterben bedroht. Der Bestand im Pfrunger Ried ist der einzige in Baden-Württemberg.

Dabei fehlt dem Ried etwas, was für die Schildkröten überlebenswichtig ist: Viele sonnenreiche, trockene Fleckchen mit sandigem Boden gibt es nicht. Solche Flecken braucht die Schildkröte nämlich für ihre Eiablage. Genau wie die Meeresschildkröten, die man aus dem Fernsehen kennt, kommen die Sumpfschildkröten nächtens an solche Stellen, um ihre Gelege zu vergraben. Und genau wie bei den Meeresschildkröten gibt es bei den geschlüpften Jungtieren ein Rennen ums Überleben. So schnell wie möglich müssen sie das nächste Gewässer erreichen; und werden auf ihrem Weg oft von Räubern attackiert. Wildschweine, Füchse, Krähen – alle mögen kleine Jungschildkröten. Und im Wasser lauern dann Raubfische, für die die Kleinen ein Leckerbissen sind. Erst wenn sie groß sind, haben Schildkröten keine natürlichen Feinde mehr. Durch ihren Panzer und ihre Größe – wenn man so sagen darf Suppentellergröße – sind sie jetzt geschützt. Die besten Chancen, sie zu beobachten, hat man an sonnigen, warmen Tagen, wenn die Tiere es sich zum Sonnenbaden auf Ästen oder Steinen am Wasser gemütlich machen. Besonders groß ist die Chance aber nicht. Denn – wie gesagt – die Tiere sind selten. Und haben selbst im Pfrunger Ried keinen idealen Lebensraum. Aber es ist der einzige, den sie haben bei uns.

Dem **Haubentaucher** geht's sehr viel besser als der Sumpfschildkröte. Das liegt vor allem daran, dass der Haubentaucher fliegen kann. In einem Land mit 80 Millionen Einwohnern ist das ein Vorteil. Verändert sich ein Lebensraum, dann können sie relativ einfach andere Regionen erreichen, in denen man eine neue Heimat findet. Den tierischen Fußgängern fällt das schwerer. Haubentaucher sind darüber hinaus sehr genügsam und einfach zu befriedigen, was ihr Zuhause angeht. Sie brauchen einfach einen See oder Teich, der noch über ein bisschen Schilf verfügt. Zwischen und auf den Halmen bauen sie ihre Nester, die nur knapp über der Wasserlinie liegen.

Eine gute Tarnung ist die halbe Miete, wenn's ums Überleben geht.

Die schönste Zeit, sie zu beobachten, beginnt im Mai mit dem Schlüpfen der Jungtiere. Die sind zwar sogenannte Nestflüchter und können sofort schwimmen. Aber sie sind immer noch auf Kuschelkurs mit den Eltern. Die meiste Zeit des Tages verbringen sie auf dem Rücken von Vater und Mutter. Und das geht den ganzen Sommer über so.

Schon Alfred Brehm beschrieb die Freude, die Erziehungsbemühungen zu beobachten: „Es gewährt dem Naturfreunde lebhaftes Vergnügen, das Familienleben dieser Vögel zu beobachten und zu sehen, wie bald eines, bald mehrere Junge, ermüdet von dem noch ungewohnten, lange anhaltenden Schwimmen überhaupt oder namentlich von dem oft starken Wellenschlage der breiten Wasserfläche, der Mutter auf den Rücken steigen, und wie diese späterhin durch Untertauchen ihrer Bürde sich wieder entledigt, oder wie die Jungen, wenn sie etwas von den Eltern abgekommen sind, ängstlich und laut piepen und pispern, wie sie von den Alten durch Vorlegen von Nahrung gefüttert oder auch im Tauchen unterrichtet werden."

Den Namen „Haubentaucher" kannte Alfred Brehm übrigens noch nicht. Bei ihm hieß der Vogel noch „Haubensteißfuß", weil die Beine nicht wie bei vielen anderen Wasservögeln in der Körpermitte, sondern am Hintern ansetzen. Ein Glück für den Steißfuß war es damals übrigens, dass sein Fleisch als nicht essbar galt. Lediglich sein „Federpelz" war beliebtes Kleidungsaccessoire. Allerdings war der Handel nicht so lukrativ, dass „der Lohn für einen Waidmann die aufwändige Jagdmühe überwog".

Eines der hässlichsten Wörter der deutschen Sprache beschreibt einen Landschaftstyp: Das

Im Holländischen heißt er einfach „Taucher" – ohne Haube.

So könnte man sich das Hobbitland in Tolkiens „Herr der Ringe" vorstellen. Dazu hätte die Filmcrew wahrlich nicht nach Neuseeland gemusst.

Adressen

Naturschutzzentrum Pfrunger-Burgweiler Ried
Riedweg 3
88271 Wilhelmsdorf
www.riedstiftung.de
Internetseite der „Stiftung Naturschutz Pfrunger-Burgweiler Ried" mit Informationen zum Naturschutzgroßprojekt.

Toteisloch. Das hört sich tot, kalt, unfreundlich und unheimlich an. Nach einer Gegend, in der sich höchstens Hannibal Lecter, Freddy Krüger oder der Schwarze Mann wohl fühlen. Dabei gibt es bei uns im Südwesten ein paar der schönsten Toteislöcher der Welt; allen voran Schrecken- und Buchsee. Die sind nicht nur – was der Name nicht erwarten lässt – schön anzusehen, sondern auch bedeutend als Lebensraum für seltene Tierarten.

Das Oberschwäbische Hügelland mit seinen Toteislöchern gehört zu den beiden Gegenden in Baden-Württemberg, in denen es noch **Moorfrösche** gibt. Deren Zukunftsaussichten werden als „sehr ungünstig" eingestuft. Die Gründe hierfür sind vielfältig. Entwässerungen, Zerstörung von Flussauen, zu viel Dünger auf den Feldern, was zur Versäuerung der Teiche, Tümpel und Seen führt, und und und ...

Für den Moorfrosch ist so eine Veränderung des Lebensraumes fatal, weil er keine großen Strecken wandert. Niemals. Nach knapp 1 km ist Schluss. Wird sein Zuhause zerstört, stirbt er aus. Dass es irgendwo anders weitergehen könnte, ist für ihn keine Alternative.

Das Spannende an dem kleinen Lokalpatrioten ist seine Farbe. Beziehungsweise seine Fähigkeit, die Farbe zu ändern. Mit einem Chamäleon, das seine Farbe nach Belieben wechselt, kann er zwar nicht mithalten; aber immerhin. Einmal im Jahr verwandeln sich die braun-grünen Frösche in blaue Frösche. Die Männchen wollen so die Weibchen beeindrucken – und geben dafür ihre perfekte Tarnung auf. Der Moorfrosch ist damit ein Beispiel dafür, wie weit man für Liebe gehen kann. Diesen romantischen Aspekt des Tierlebens sehen Wissenschaftler eher nüchtern: Es handelt sich ganz einfach um einen „saisonalen Geschlechtsdimorphismus", das heißt, nur die Männchen färben sich ein. Die Weibchen bleiben schlicht gekleidet.

Die Chance, blaue Frösche zu sehen, ist im März und April am besten. Dann ist das libidobedingte Farbenspiel auf ihrem Höhepunkt. Vielleicht fallen einem dann auch die dicken Oberarme des Männchens auf. Die wirken fast wie bei einem menschlichen Bodybuilder regelrecht „aufgepumpt". Solche Oberarme braucht man zum Stemmen von großen Gewichten – oder um sich festzuhalten. Letzteres trifft auf den Moorfrosch zu. Der klammert sich nämlich an sein Weibchen und lässt sich durchs Leben tragen. Der Grund ist weniger romantischer Natur. Die Weibchen werden im wahrsten Sinne des Wortes „besetzt": „Wo ich drauf sitze, kann kein anderer draufklettern." Das ist als Werkzeug zur Erzwingung ehelicher Treue zwar primitiv, aber erfolgreich. Manchmal kommt es aber dabei zu hässlichen Szenen, wenn ein Weibchen von mehreren Männchen „besetzt" wird. Dann geht es zu wie bei der „Reise nach Jerusalem", wenn sich mehrere Mitspieler auf den letzten freien Stuhl stürzen. Nicht selten überlebt der Stuhl das nicht. Bei den Fröschen im Wasser hat so ein Verhalten für das Weibchen manchmal fatale Folgen. Sie können ertrinken, falls sich keiner der Kavaliere dazu entschließt, nachzugeben und loszulassen.

Das mit dem wenig schmeichelhaften Namen „Toteisloch" verdanken diese tollen Landschaften übrigens ihrer Entstehung als Überreste großer Gletscher. Diese Entstehung liegt Jahrtausende zurück, läuft ihnen verbal aber immer noch nach. Wir sollten einen charmanteren Ausdruck finden; und nicht so nachtragend sein. Oder wir entscheiden uns dafür, die Antarktis und Grönland in Zeiten des Klimawandels als „Toteisloch in spe" zu bezeichnen. Dann wäre es wieder gerecht.

STECKBRIEF MOORFROSCH

Wissenschaftlicher Name: Rana arvalis (Die Bezeichnung „arvalis" hätte besser zum Feldhamster gepasst, denn sie bedeutet „zum Saatfeld gehörig" – und um die macht der Moorfrosch einen großen Bogen.)

Größe: um die 6 bis 7 cm

Daumen: an denen hat er zum Festhalten sogenannte „Brunftschwielen".

Besonderheit: Er ist ein „Explosivlaicher", das heißt, die Libido der ganzen Bande bricht innerhalb weniger Tage aus ihnen heraus.

Bei uns Menschen tragen in der Regel die Weibchen Farbe auf. Beim Moorfrosch ist es umgekehrt.

Scharfe Zähne, dicke Lippen

FEDERSEE

Der Federsee ist Beweis dafür, dass man nicht nur Bäume fällen kann, sondern auch Seen. Vor knapp 200 Jahren wurde der See in zwei „Fällungen" von knapp 10 km² auf heute 1,5 km² verkleinert. Die Beweggründe waren einfach: Man wollte unwirtlichen Sumpf und nutzlose Wasserflächen in Ackerland verwandeln. So was haben wir Menschen überall in Europa gemacht. Meistens war das – je nach Blickwinkel – erfolgreich. Moore und Sümpfe verschwanden, und die Wildnis wurde gebändigt. Das Klima wurde gesünder und Krankheiten wie die Malaria (durch Mücken übertragen) starben aus. Auf der anderen Seite war diese Entwicklung fatal für viele Tiere und Pflanzen, denn vielen spezialisierten Moorbewohnern wurde der feuchte Boden unter den Füßen weggezogen.

Am Federsee ging die „Fällung" allerdings daneben. Statt fruchtbarer Ackerflächen erschuf man feuchte, morastige Wiesen. Der jetzt flachere See verlandete und versumpfte weiter. Dass sich die Natur hier so hartnäckig gegen menschliche Planung gewehrt hat, dem verdanken wir einzigartige Naturparadiese. Nicht nur am Federsee, sondern auch im gesamten oberschwäbischen Moor- und Hügelland. Das gilt europaweit als einer der wertvollsten Lebensräume mit einer sensationellen biologischen Vielfalt. Und der Federsee als größtes zusammenhängendes Moorgebiet im Südwesten. Und ganz nebenbei ist selbst der „verkleinerte" See noch der zweitgrößte in ganz Baden-Württemberg.

Zum besonderen Reiz gehört, dass seit ein paar Jahren wieder Tiere aktiv sind, die das Rad der Zeit am liebsten zurückdrehen würden. Zumindest in einem kleinen Bereich. **Biber** neigen nämlich dazu, Landschaft in Seen zu verwandeln. Oder im Fall des Federsees „zurückzuverwandeln".

Wo fängt man sinnigerweise an, wenn man Biber beschreiben will? Vielleicht bei der Frage, warum er Bäume fällt. Die Antwort ist ganz einfach: Der Biber fällt Bäume, weil er nicht klettern kann. Sein Ziel sind die Blätter, Rinde und frische Triebe – als Futter. Dass Stamm und Äste dabei auch als Baumaterial genutzt werden können, ist ein willkommener Nebeneffekt – mehr nicht. Eigentlich fressen Biber am liebsten frische Kräuter und Gräser. Wie Kühe grasen sie auf Lichtungen und fressen dabei alles Grünzeug, das sich in ihrer Reichweite befindet. Erst wenn der Boden abgegrast ist, wenden sie sich höheren Zielen zu – dem Blätterdach der Bäume.

STECKBRIEF BIBER

Wissenschaftlicher Name: Castor fiber (also eigentlich „Biber Biber")

Gewicht: bis zu 30 kg

Schwanz: typische Biberkelle, bis zu 35 cm lang

Rekord: Der größte Biberdamm der Welt (von dem man weiß) steht in Kanada und ist fast 1 km lang.

Besonderheit: hat eine eingebaute „Taucherbrille", die sogenannte Nickhaut. Beim Tauchen schließt er das durchsichtige Augenlid.

Kurioses: Waldarbeiter in der Eifel nennen ihre Motorsäge liebevoll „Kettenbiber".

Alle Versuche, ihm das Wasser abzugraben, haben nicht gefruchtet – glücklicherweise. Der Federsee.

Der Biber nutzt seine Kelle auch als drittes Bein. Und kann damit prima aufrecht stehen – und sogar gehen.

Die Natur hat zwar aus einer Laune heraus dem Biber die Fähigkeit verwehrt, klettern zu können. Dafür hat sie ihm Zähne mitgegeben, die ständig nachwachsen und immer scharf bleiben. Mit denen legt er dann im Handumdrehen ganze Lichtungen frei. Und das ist ein Effekt, der ihn bei Naturschützern sehr beliebt macht. Im dichten Wald ist die biologische Vielfalt nicht sehr hoch. Auf den Lichtungen aber explodiert das Leben. Untersuchungen haben gezeigt, dass ein Biberteich Hunderten Insekten und anderen Tierarten eine Heimat bietet – wo vorher nur Bäume standen.

Wenn für den Biber alles gut geht, dann entsteht in der Mitte der Lichtung eine kleine Seenlandschaft. Dazu staut der Biber kleine Bäche auf, indem er alles Baumaterial zu einem Damm aufeinanderschichtet. Spannend zu sehen ist, dass manche Biber wahre Baumeister sind, die aus dem kleinsten Rinnsal einen Bodensee für Arme schaffen. Andere haben zwei linke Pfoten – und bringen keinen ordentlichen Damm zustande. Es ist nicht anders als bei uns Menschen; es gibt so 'ne und so 'ne.

Die ganze Dammbauarie dient nur einem einzigen Zweck: sicher zu leben. Das erreicht der Biber dadurch, dass der Eingang zu seinem Bau immer unter Wasser liegt. Füchse zum Beispiel, die dem Biber gefährlich werden könnten, können zwar schwimmen, aber nicht tauchen. Und deshalb ist die Biberburg im wahrsten Sinne des Wortes eine feste Burg. Der Bau kann dabei eine Höhle im Ufer sein, oder eine richtige Biberburg in der Mitte des Sees. Je nachdem, wie hoch das Sicherheitsempfinden des Bibers ist. In der Mitte bauen die Schisser, am Ufer die Nervenstarken.

Durch ihre Lebensweise schaffen es die Biber normalerweise, den meisten Konflikten aus dem Weg zu gehen. Einzige wirkliche Ausnahme sind Konflikte mit dem Menschen. Die haben eine lange Tradition. Und viele, viele interessante Aspekte. Der erste ist kulinarischer Natur – und religiöser. Weil der Fleischgenuss während der Fastenzeit verboten war, litt die Lebensqualität von Adel und Klerus in unzumutbarer Weise. Den Ausweg fand man im Südwesten – während des Konzils von Konstanz (1414–1418). Auf diesem Gipfeltreffen der klerikalen Welt wurde der Biber kurzerhand zum Fisch erklärt. Und durfte fürderhin auch in der Fastenzeit gegessen werden.

Adressen

Naturschutzzentrum Federsee
Federseeweg 6
88422 Bad Buchau
www.nabu-federsee.de

Federseemuseum
August Gröber Platz
88422 Bad Buchau
www.federseemuseum.de
Mit vielen Informationen rund um Mensch & Natur von der Altsteinzeit bis heute.

Der zweite Aspekt war medizinischer Natur. Jetzt wird's etwas unappetitlich. Sollten Sie damit Probleme haben, dann blättern Sie HIER bitte um und lesen ab der nächsten Seite weiter. In ihren Analdrüsen produzieren Biber das sogenannte Bibergeil, einen Chemiecocktail, der vor allem Salicylaldehyd enthält – den Wirkstoff des Aspirins. Das half nicht nur gegen Kopfschmerzen, sondern hatte auch noch eine „stark erotisierende" Wirkung. Um ans Bibergeil zu kommen, konnte man den Biberhintern allerdings schlecht melken. Also musste man ihn töten, um zu ernten.

Als wirklich fatal wirkte sich aber Aspekt Nr. 3 aus: die Mode. Biberpelz war beliebt und wurde um die halbe Welt geschickt, um ihn an den Höchstbietenden zu verkaufen. Allein zwischen 1900 und 1950 vervierfachte sich die Zahl der verkauften Biberpelze. Ein Grund für die Beliebtheit der Biberpelze: Ein Biber hat bis zu 24 000 Haare pro Quadratzentimeter. Wir Menschen kommen zu besten Zeiten auf 600 – Tendenz fallend. Vielleicht liegt's ja am Salicylaldehyd in der Analdrüse. Und man sollte darüber nachdenken, als Mittel gegen Haarausfall Aspirin als Zäpfchen zu verkaufen.

Ballermann fürs Federvieh

BODENSEE

Nach einem britischen Gesetz von 1482 gehören alle **Schwäne** – egal ob an Land, im Wasser oder in der Luft – der britischen Königin und sind damit automatisch Teil des britischen Kronschatzes. Wenn dem so ist, dann schwimmt auf dem Bodensee im Winter ein guter Teil dieses Kronschatzes von der Insel. Die Engländer stören sich bei ihrem Anspruch nicht daran, dass die meisten Schwäne England noch nie betreten haben. Aber das hatte auch Berengaria von Navarra nie getan. Und die war schließlich Königin von England, ohne als Königin je den Fuß auf die Insel gesetzt zu haben. Und was für Monarchen gilt, gilt auch für königliches Federvieh.

Aber warum kommen – neben den bei uns brütenden Schwänen – im Winter so viele an den Bodensee? Auch hier ist der Winter schließlich alles andere als frostfrei. Die Antwort ist einfach: Viele der Überwinterer kommen von ganz weit aus dem Norden. Und dort herrschen im Winter durchgehend minus 30 Grad und mehr. Und verglichen damit ist der Bodensee die mollig warme Südsee. Darüber vergessen einige Tiere, dass auch der Bodensee zufrieren kann. So geschehen zum Beispiel 2011, als zwei Schwäne von Polizisten aus dem Eis befreit werden mussten. Die Schwäne hatten nachts gepennt und waren – schwuppdiwupp! – festgefroren.

Viele der Schwäne sind übrigens das Jahr über ziemliche Stinksäcke. Artgenossen und andere Tiere werden weggemobbt, sobald man in ihre Nähe kommt. Das liegt oft daran, dass die Tiere ihren Nachwuchs schützen – und ihr Revier. Ein klassisches Beispiel war Iwan der Schreckliche, der 2008 in Überlingen Badegäste attackierte. Die Polizei siedelte ihn mitsamt seinem Nachwuchs in einen Weiher um, aus dem er aber nach 2 Tagen wieder ausbüchste und sich auf den Rückweg zum Bodensee machte. Ein Schwan hat schließlich auch seinen Stolz. Und nicht jeder, der den größten See Deutschland gewohnt ist, kann sich mit einem Teich abfinden. Das ist so, als würden wir eine Villa gegen ein Reihenmittelhaus eintauschen.

Nicht nur Schwäne lieben den Bodensee als Überwinterungsgebiet. Man schätzt, dass es mittlerweile mehr als 250 000 Tiere sind, die hier ihre Winterfrische verbringen, darunter zig Entenarten.

Radolfzell statt Rialto. Was Venedig für menschliche Liebespaare, das scheint der Bodensee für Schwäne für zu sein. Nur mit weniger Brücken.

Zwergdommeln können sich fast unsichtbar machen.

Adressen

Naturschutzzentrum Eriskirch
Bahnhofstraße 24
88097 Eriskirch
www.naturschutz.landbw.de/servlet/is/67506/
Direkt am Eriskircher Ried gelegen.

Naturschutzzentrum Wollmatinger Ried
Kindlebildstraße 87
78479 Reichenau
www.nabu-wollmatingerried.de

Naturschutzzentrum Mettnau
Floerickeweg 2a
78315 Radolfzell
www.nabu-mettnau.de

MaxCine (Besucherzentrum des Max-Planck-Instituts für Ornithologie)
Schlossallee 2
78315 Radolfzell
www.orn.mpg.de/MaxCine
Hier kann man sich über die regionalen, aber auch weltweiten Projekte der Vogelzugforschung informieren. Gegenüber liegt das „Hennhouse" mit packenden Filmen zum Thema.

www.bodensee-stiftung.org
Internetseite der Bodenseestiftung mit Informationen zu zahlreichen Projekten, die Umwelt und die Natur rund um den Bodensee und weltweit zu schützen.

Die vielleicht wichtigste Kernzone der Winterfrischler ist das Wollmatinger Ried, in dem regelmäßig 40 000 bis 50 000 Wasservögel „im Rudel" beobachtet werden können.

Einen ganz besonderen Vogel kann man hier mit viel Glück entdecken. Aber nicht im Winter. Die **Zwergdommel** ist ein Zugvogel, der am Bodensee brütet. Und zwar ein sehr seltener. Deutschlandweit rechnet man mit weniger als 100 Brutpaaren. Der dramatische Rückgang der Art hat viele Gründe. Einer davon sind die Gefahren auf dem Zug bis ins südliche Afrika. Viele einst feuchte Rastgebiete wie der Tschadsee sind heute zum Teil ausgetrocknet. Und wer die Sahara überqueren will, ist auf solche Rastplätze angewiesen. Ein weiterer Grund ist der Lebensraum bei uns. Viele Schilfgürtel, in denen die Zwergdommeln brüten, sind beseitigt worden – oder werden regelmäßig durch menschliche Störungen für die Vögel unbrauchbar. Deshalb ist es so wichtig, Gebiete wie das Wollmatinger Ried zu schützen.

Zwergdommeln bauen ihre Nester im flachen Wasser knapp über der Wasserlinie. Damit sind sie vor vielen Räubern sicher. Und zwar, weil die potenziellen Gegner wie Fuchs & Co. zwar schwimmen können, sich aber nur höchst ungern durch morastiges Schilf kämpfen, wenn die Aussicht auf Beute eher ungewiss ist. Daneben sind Zwergdommeln gut getarnt. Gleichwohl würde ein mit feiner Nase bewehrter Fuchs die Dommel anhand ihrer Kotspuren riechen und damit finden. Deshalb kacken die Vögel nie dahin, wo sie wohnen. Schon ein paar Tage alte Zwergdommeln klettern aus dem Nest ins Schilf, um sich weit weg vom Nest zu erleichtern. Sie lernen also zuerst, aus der Not-

Auf die Größe kommt es den Tieren beim Bodensee nicht an. Die Uferbereiche sind entscheidend.

durft heraus zu klettern. Die Kunst zu fliegen eignen sie sich erst später an.

Die Zwergdommel ist ein Beispiel dafür, wie verquer unsere Einschätzung ist, was „kostbar" ist. In Deutschland gibt es grob geschätzt mehrere Millionen Diamanten. Und die sind viel wert, weil sie angeblich so selten sind. Zwergdommeln gibt es bei uns – wenn's hochkommt – nur ein paar Hundert. Würden wir nur einen Bruchteil des Geldes, das zur Aufklärung von Juwelen-Diebstählen ausgegeben wird, in den Schutz der Natur investieren, wäre die Zwergdommel nicht mehr so selten bei uns.

Im, am und rund um den Bodensee gibt es zahlreiche Naturschutzgebiete, die als Puzzleteile in ihrer Summe eine unglaubliche Vielfalt an Lebensräumen, Tier- und Pflanzenarten schützen. Vom Wald über Ried- und Moorgebiete, Streuobstwiesen, Trockenflächen und nicht zuletzt natürlich dem See selbst ist die Gegend ein ganzer Kontinent auf kleinstem Raum. Mit allen Tieren, die die Vielfalt lieben.

STECKBRIEF ZWERGDOMMEL

Wissenschaftlicher Name: Ixobrychus minutus („Der Winzling")
Größe: um die 35 cm (und damit die kleinste Reiher-Art)
Spannweite: knapp einen halben Meter
Gewicht: um die 150 Gramm
Bei uns: zwischen April und September (aber fast unsichtbar)
Woanders: Überwintert in Afrika südlich der Sahara.
Besonderheit: Hat besonders lange Zehen, um gut klettern zu können. Tarnt sich bei Störungen als Schilfhalm, indem sie Hals und Schnabel senkrecht nach oben streckt und die sogenannte Pfahlstellung einnimmt.

Flaches Wasser und viel Deckung im Ried – diese Kombination wirkt anziehend auf Vögel.

Gämsen, Otter, Trockennasenaffen

NATURPARK OBERE DONAU

Es gibt nicht viele Tiere, die es bis in die deutsche Rechtschreibreform gebracht haben. Zu nennen wären da der Delphin, der Panther und das Känguruh, die jetzt Delfin und Känguru und Panter heißen. Neben diesen exotischen Exemplaren waren auch deutsche Tierarten betroffen, als da wären Rauhhaardackel und Gemse. Während aber andere Änderungen viele Verlage zum Neudruck gezwungen haben, blieben diese Umbenennungen fast ohne Konsequenzen. Der Rauhhaardackel wurde von praktisch keinem der klassischen Autoren besungen. Und Friedrich Schiller umging das Problem vorausschauend, indem er die Gemse in seinem Gedicht „Der Alpenjäger" kurzerhand in eine Gazelle verwandelte. Schiller war halt genial. Nicht nur, weil sich die Schüler bei Gedichtsinterpretationen nicht umgewöhnen mussten; es reimte sich auch auf „Windesschnelle" (ein Hauptwort, das man übrigens auch im Duden nicht findet).

Während also die rechtschreibreformierte **Gämse** keine Probleme verursachte, bieten die real existierenden Gämsen sehr wohl Konfliktpotenzial. Nämlich, und das mutet seltsam an, zwischen Naturschützern – und Naturschützern. Und das kommt so: Seit den 1930er-Jahren wurden Gämsen aus dem Alpenraum in vielen Mittelgebirgen ausgewildert. Dazu kamen Tiere, die freiwillig auf Wanderschaft gingen, um sich neue Lebensräume zu erschließen. Bei den Gämsen an der Oberen Donau ist man sich nicht sicher, ob es nun ausgewilderte oder zugewanderte sind. Für den Konflikt macht das auch nur einen geringen Unterschied aus.

Für die Gämsengegner steht fest, dass die Tiere nicht hierher gehören. Und dass sie einen immensen Schaden anrichten. Denn auf den Felsköpfen und Nischen an der Oberen Donau haben sich Pflanzen erhalten, die es bei uns nur noch auf solch unzugänglichen Inselchen gibt. Die Gämse aber ist ein exzellenter Kletterer – und kommt überall hin, um zu fressen. Und richtet hungerbedingt unter den seltenen Pflanzen Schäden an. Das ist so weit unbestritten. Die Gämsenfreunde aber haben auch gute Argumente auf ihrer Seite. Das Hauptargument ist, dass es bei uns schon immer Gämsen gab. Auch und gerade in den Mittelgebirgen. Das beweisen erstens fossile Funde von Gämsen, die nach der Eiszeit hier gelebt haben – und deren Knochen gefunden wurden. Und zweitens Berichte, in denen bis ins 14. Jahrhundert die Gamsjagd beschrieben wurde. Gämsen waren ganz normaler Teil unserer Natur, bis wir sie bis in die Alpen zurückgedrängt haben. Die Abwesenheit der Gämsen war also nur ein gamsfreies Zwischenspiel, das Tier definitiv ein Ureinwohner Baden-Württembergs. Und damit sind auch die Probleme, die sie verursachen, einheimische Probleme.

Der Konflikt ähnelt dem Streit um Äschen und Kormorane. Dem Kormoran wird vorgeworfen, er sei für das Verschwinden der Äsche in Mittelgebirgsbächen verantwortlich. Es stimmt natürlich, dass der Kormoran einen Riesenappetit hat und Äschen mag – und erfolgreich jagt. Dabei wird aber gerne vergessen, dass wir Menschen ihm den Weg frei gemacht haben, das auch ungehindert zu tun. Wir haben viele Bäche begradigt

STECKBRIEF GÄMSE

Wissenschaftlicher Name: Rupicapra rupicapra
Gewicht: bis 50 kg
Höhe: bis um die 80 cm
Hörner: bis zu 25 cm lang
Alter: 15 bis 20 Jahre (die Weibchen haben – wie beim Trockennasenaffen – eine höhere Lebenserwartung)

Dieses Kitz wird mal zu einer langbeinigen Schönheit heranwachsen. Die Ohren wachsen allerdings kaum noch mit.

STECKBRIEF FISCHOTTER

Wissenschaftlicher Name: Lutra lutra
Gewicht: um die 10 kg
Länge: knapp 1 m (plus Schwanz, der allein 40 cm lang sein kann)
Bestand: in ganz Deutschland geschätzt 800 Tiere
Alter: bis zu 15 Jahre (die meisten überleben aber nicht mal die ersten 3 Jahre)
Zukunftsaussichten: eher düster

und so umgebaut, dass die Fische keine Deckung mehr vor den Jägern finden. Damit befindet sich die Äsche zuerst einmal im Würgegriff der Gewässerbauleitplanung und nicht im Visier der Kormorane. Um der Äsche wirklich zu helfen, sollten wir eher unsere Bäche wieder naturnah gestalten. Und nicht den Abschuss der Kormorane fordern.

Gämsen sind, egal ob man sie mag oder nicht, bewundernswerte Kletterer. Sie kommen ohne Mühe in die steilsten Hänge und auf die höchsten Gipfel. Und das, ohne sich irgendwo festklammern oder -halten zu müssen. Hier oben haben sie als Säugetiere ein Monopol der Anwesenheit. Abgesehen vielleicht von einigen Trockennasenaffen. Denn auch die haben hier ihre bevorzugten Klettergebiete. Bis vor ein paar Jahren gab es auch bei denen immer wieder Ärger mit Naturschützern. Bis sich die Trockennasenaffen – das heißt die menschlichen Anhänger des Klettersports – mit den Naturschützern einigten, bestimmte Felsen aus Naturschutzgründen ganz oder zweitweise zu meiden. Dabei geht es zum Beispiel um Felsen, in denen Uhus oder Wanderfalken brüten. Oder um die Felsköpfe, auf denen seltene Pflanzen wachsen, die von den Kletterern immer mal wieder geschädigt wurden. Die empfindlichsten haben jetzt vor den Menschen ihre Ruhe. Aber die Gämsen halten sich nicht nur ungern an Regelungen und Gebote, bei deren Abfassung sie nicht mit am Tisch saßen. Den Gämsen geht's weiterhin gut – nicht nur auf den Felsköpfen.

Das gilt leider nicht für ein anderes Tier, das es früher überall im Südwesten gab. Das sich aber keiner großen Beliebtheit erfreute. „Es ist ein Thier, das sogar den Menschen anfällt. Und – wenn es ihn mit seinem fürchterlichen Gebiss erfasst – nicht eher loslasse, als bis es das Krachen der zermalmten Knochen vernehme". So zitiert Alfred Brehm in seinem berühmten „Tierleben" die Erkenntnisse der alten griechischen und römischen Naturforscher. Allerdings ergänzt er, und das ist seine eigene Meinung dazu: „Er gehört unbedingt zu den anziehendsten Tieren unseres Erdteiles." Zu der Zeit, als Brehm dies schrieb, wurde der **Fischotter** gnadenlos verfolgt. Er galt als Bestie, die den Fischern das Leben schwer macht, und aus reiner Mordlust mehr tötet, als er zum Leben

Für den Fischotter wäre das eine Traumlandschaft …

… auch wenn das Wasser an einigen Stellen im Boden verschwindet. Zum Beispiel an der Donau-Versickerung.

Das Fell sieht an ihm irgendwie besser aus als an nordkoreanischen Diktatoren.

braucht. Der Pionier der Fischzucht – Max Paul Gustav Kreuzwendedich von dem Borne (der unter anderem die Regenbogenforelle und den Kamberkrebs in Deutschland einführte und dessen Werk „Die Angelfischerei" auch heute noch als Standardwerk gilt) – verfasste die hochgelobte Kampfschrift „Tod den Ottern!", in der er die wissenschaftliche Grundlage für die Ausrottung einer Tierart legte. Auf Otter war eine Kopfprämie ausgesetzt. Allein die Gebrüder Schmidt aus Westfalen brachten deutschlandweit fast 2000 Fischotter zur Strecke. Angeregt wurden sie dazu erstens durch die Prämien, zweitens aber durch den hohen Preis, den sie für den Verkauf der Pelze selbst dann noch zusätzlich erzielen konnten.

Fischotter haben einen Pelz, der aus natürlichen Hightech-Materialien besteht. Die Haare haben kleine Zacken, die wie Reißverschlüsse ineinandergreifen und den Pelz absolut wasserdicht machen. Aus diesem Grund waren Ottermützen im Südwesten sehr beliebt. Vor allem gehörten sie zur gehobenen Damenmode (damit der Regen die Frisur nicht ruiniert). Heute sind die Mützen aus der Mode gekommen. Außer in Nordkorea. Hier sind sie sogar ein Zeichen der Macht. Ottermützen darf nur der Diktator tragen. Das ist kein Scherz – nur der Diktator! Als im Juli 2011 Kim Jong-un, der Sohn des Diktators Kim Jong-il, mit Ottermütze in der Öffentlichkeit gesehen wurde, war den Geheimdiensten klar, dass er der Nachfolger seines Vaters würde. Obwohl alle anderen nachrichtendienstlichen Erkenntnisse und die Machtverhältnisse dagegen sprachen. Aber allein die Ottermütze sprach die Wahrheit.

Heute leben nur noch ganz wenige Exemplare des Fischotters in Baden-Württemberg. Sie zu sehen – keine Chance. Wenn sie eins gelernt haben, dann ist es, uns zu meiden. Die Zeiten, in denen sie auch an Mühlen oder am Dorfteich gesehen wurden, sind lange vorbei. Dabei wäre die Landschaft an der Oberen Donau für sie nahezu ideal. Es gibt genug Fisch, genug kleinteilige Gewässer, und genug Ruhe. Und – zumindest im Moment – auch keinen Diktator.

Adressen

Naturschutzzentrum Obere Donau
Haus der Natur
Wolterstraße 16
88631 Beuron
www.naturpark-obere-donau.de

Anhang

Hinweise zur Tierbeobachtung

Die meisten der porträtierten Tiere können Sie auch vor Ort suchen – und entdecken. Dabei kommen die verschiedenen Tierarten natürlich nicht nur in einzelnen Naturparadiesen vor, sondern an vielen Orten im Südwesten. Nehmen Sie sich einfach mal die Zeit, mit offenen Augen durch die Wildnis vor der Haustür zu streifen. Holen Sie sich Unterstützung vor Ort. Unter den Adressen der Naturzentren in diesem Band finden Sie zahllose Naturschützer und Biologen, die seit Jahren die Tiere in „ihrem" Naturparadies schützen und beobachten – und ganzjährig Führungen und Tipps anbieten.

Behalten Sie bei Entdeckungen auf eigene Faust im Hinterkopf, dass auch Tiere ein Recht auf Privatsphäre haben. In einem Land mit rund 80 Millionen Einwohnern ist die freie Wildbahn nämlich ganz schön beengt. Ein bisschen Zurückhaltung ist nicht nur einfach nett, sondern vor allem zielführend. Wildkatze oder Marder können ganz gut mit Menschen umgehen, die in sicherem Abstand auf Wegen unterwegs sind. Schleicht man durchs Unterholz, um ihnen auf die Pelle zu rücken, werden sie zu scheuen Nervenbündeln und werden sich so schnell nicht mehr sehen lassen – oder ganz verschwinden.

Nehmen Sie sich für Ihre Entdeckertour nicht zu viel vor. Die Natur ist nicht auf der Flucht. Man muss ihr nicht hinterherjagen und 10 km Wildnis in 90 Minuten entdecken. Dabei übersieht man das meiste, wenn nicht alles.

Und lassen Sie sich von erfolgs- und tierlosen Tagen nicht entmutigen. Es mag zwar sein, dass Sie kein Tier gesehen haben. Die Tiere haben Sie aber auf jeden Fall bemerkt. Sollten die dabei den Eindruck gewonnen haben, dass ihre menschlichen Nachbarn unaufdringlich und eigentlich gar nicht so unfreundlich sind, steigen die Chancen auf eine Begegnung immens.

UNSER TIERFINDER

Jürgen Vogt hat als gelernter Meteorologe nach seiner Zeit bei der Marine jahrelang die Wetterberichte für ARD, SWR, WDR und andere Fernseh- und Hörfunksender vorbereitet und präsentiert. Ende der 90er-Jahre wechselte er zum Naturfilm und berichtete als Reporter unter anderem für die ARD aus Arktis, Antarktis und vielen afrikanischen Ländern. 2001 und 2002 begleitete er für die Morgenmagazine von ARD und ZDF sieben Weißstörche auf ihrem Weg von Afrika bis nach Deutschland. Seit 2013 arbeitet er für die Sendereihe „Tierisch wild im Südwesten" im SWR Fernsehen.

Jürgen Vogt ist verheiratet, hat 3 Kinder und lebt in Köln.

Fotografen und Bildarchive

© Aconcagna 57; © Adrian Michael 133 u.; © angieconscious/pixelio.de 31; © Annamartha/pixelio.de 24 u.; © Archiv Eifel Tourismus GmbH 99 u.; © Bengt Nyman 172 u.; © Bernard Landgraf 189 re.; © Biosphärenzweckverband Bliesgau/Günter Maier 58 u.; © Biosphärenzweckverband Bliesgau/Gunther Kopp 62–63 ;© Böhringer Friedrich 186 u.; © Bohuš Čičel 82 o. re.; © Cactus26 158–159 o.; © Cayambe 50 o. li.; © Centraldream 21; © Christian „Asseus" Flach 133 o. li.; © Christian Fischer 94; © Der Messer 167; © Dick Daniels 28 u.; © Dieder Plu 135 o.; © Drombalan 188 re.; © E. Kopp/pixelio.de 110 u.; © Eifel Tourismus GmbH – Helmut Gassen 70 u.; © Eszter Kovács 138 o.; © Frank Vassen 42; © Franzfoto 166 u.; © Freimut Bahlo 83 © Fritz Geller-Grimm 20 u.; 137; © Gerhard Kersting 182 o.; 185 o.; © Geschäftsstelle Biosphärengebiet Schwäbische Alb 160 o.; © Günter Josef Radig 100 o.; 104 o. re.; © Günter Maier 61; © H.D. Holz/pixelio.de 102 o.; © Hartley, William W. 95 o.; © hintertaunus 91 u. re.; © Jensen/Lingnau, Abteilung Ältere Urgeschichte, Universität Tübingen 168 u.; © Joel Berglund 66 li.; © Jörg Liesen 119; © Jost Einstein 181; © Juergen Jotzo/pixelio.de 104 o. li.; © Katja Fouad Vollmer 178 u.; © K. H. Jungk 37 u. re.; © katanski 34; © Katrin Ströhl 161; © Mark S. Jobling 184 o.; © Michael O./pixelio.de 35 u. li.; © Nationalpark Schwarzwald/Foto: Arne Kolb 133 o. re.; 134; © Nationalpark Schwarzwald/Foto: Charly Ebel 130 o.; © Natur- und Geopark Vukaneifel, www.geopark-vulkaneifel.de 74 o. li.; © Naturschutzzentrum Südschwarzwald 120; © Nudelbraut 132 u.; © Oberschwaben-Tourismus/Belicka Stanislav 172 o.; 176; © Patrick Appelhans 173; 174; © Pierre Dalous 108 u.; © Piet Spaans 138 u.; © R. Altenkamp, Berlin 69; © Ramessos 168 o. re.; © Rheinland-Pfalz Tourismus GmbH 46 u.; 50 o. re.; 54 o.; 73 li.; 80 o.; 84 o.; 96; 97 o.; 95 u.; © Roffle 184–185 u.; © Roland zh 175 u. re.; © Ronald Slabke 159 u.; © Saarpfalz-Touristik/Eike Dubois 60 u.; © Simona Fröhlich 175 u. li.; © Stefan Weigel 66 re.; © Susanne Schmich/pixelio.de 32 o.; 37 u. li.; © Thilo Parg 168 o. li.; 169 o.; 170 o., 170–171 u.; © Thomas Kaiser 118 u. re.; © Tiit Hunt 102 u.; © VDN/A. Krause 108 o.; © VDN/a.jeckle 10 o.; © VDN/Achim Klumpp 130 u.; © VDN/Albert 15 u.; © VDN/Albert Wirtz 65; © VDN/Alexander von Düren 68 u. li.; © VDN/Alfons Wetzurek 41; 88 o. li.; © VDN/andi.g 122 o.; © VDN/Andrea Deis 90 li.; © VDN/Andrea Heschel 162; © VDN/Andy72 117; 121 u.; © VDN/Angelika Hecht 58 o.; 103 u.; 125 u. re.; © VDN/Anita Naumann 60 o. li.; © VDN/Ariane Braun 165 o. re.; © VDN/Axel Küster 126 o.; © VDN/B. Spoo 144 o.; © VDN/baude 76 u.; 77; 78 o.; 101; © VDN/Bettina Müller 88 o. re.; © VDN/beyer 180 o.; © VDN/blum 23; 36 li.; 37 o.; 164 o.; 180 u.; © VDN/Brezina Peter 16 u.; © VDN/Britta 106 o. re.; © VDN/Britta Schott 79 u.; © VDN/CH 153 u.;© VDN/christel kessler 14 re.; 38 o.; 50 u.; 106 u.; © VDN/Christian Göstl 12 li.;© VDN/Christian Schmalhofer 40 li.; 51 o.; 54 u.; 129 u.; 140 o.; 142 o.; 178 o.; © VDN/Christina Koch 163 o.; © VDN/Claus Keller 144 u.;© VDN/Cleo 13 o.; © VDN/Daniel Merkle 125 o.; © VDN/Die_Katze 179; © VDN/Dieter Diering 45; 111 o.; © VDN/Dieter Lorenz 106 o. li.; © VDN/Dieter Matthe 151; © VDN/Dieter Wermbter 109; 110 o. re.; 121 o. li.; © VDN/Dietmar Gretter 136 o.; 141; 142 u.; © VDN/dietmar tunk 17; 52; © VDN/Donald Emmert 26 re.; © VDN/Doris Demant 127; © VDN/Dr. J. P. Müller 100 u.; © VDN/Eckhard Baumann 36 re.; 51 u. re.; 177 o.; 177 u. li.; © VDN/Edgar Biehle 148–149; © VDN/Editha 84 u.; © VDN/Eike Mross 42 u.; 70 o.; 171 o.; © VDN/Erich Tomschi 11; © VDN/flor 64 u.; © VDN/Fotopirsch 131; © VDN/Frank Hans 13 re.; 32 u.; 74 o. re.; 89; 114 u.; 158 li.; © VDN/Frank Löscher 82 o. li.; © VDN/Fritz Bosch 26 li.; 63; 91 o.; 124; 140 u.; 143; 146; © VDN/Gabriele Thieme 56 o.; © VDN/Gerald Schäfer 145; © VDN/Gerhard Glatz 46 o.; 103 o.; 112; 113 o.; 116 u.; © VDN/Günter Müller 73 re.; 99 o.; © VDN/Friedrich J. Flint 165 o. li.; © VDN/Günther Desch 71; © VDN/H. Schier 53 o. li.;© VDN/H. Schulz 189 li.;© VDN/Hans-Jürgen Schmidt 53 o. re.; © VDN/Hartmut Eckstein 14 li.; © VDN/Hmphotography 118 o.; © VDN/Horst Jetter 10 u.; 35 o.; 35 u. re.; 40 re.; © VDN/Hubert Gerweck 85 o.; © VDN/I. Decker 128; 132 o.; © VDN/Ilona Brauer 60 o. re.; © VDN/Ilona Kompanik 19 u.; © VDN/Ingrid Schröder 51 u. li.; © VDN/Jan Gläßer 82 mi. re.; © VDN/Jannine Benkhardt 29; © VDN/Jennifer Heidelmann 27 u.; © VDN/JJ Harrison 19 o.; © VDN/Johannes Brenner 116 o.; © VDN/Jürgen Kemper 39; © VDN/Jürgen Mayer 91 li.; © VDN/Karl Deubel 44 o.; © VDN/Karlheinz Groh 148; © VDN/Katrin Woker 25; © VDN/Lonche 2–3; 64 o.; 68 o.; © VDN/Luxfox 20 o.; 163 u.; © VDN/M. Schmichels 87; © VDN/Maik Elbers 24 o.; © VDN/Manfred Holz 18 o.; © VDN/Mario Fürstenberg 122 u.; © VDN/Marion Braun 147; © VDN/Matthias Schmidt 166 o.; © VDN/Matze 27 o. re.; 28 o. li.; 48 u.; 49 o.; 59; 85 u. re.; 125 u. li.; 169 u.; © VDN/Michael Schmidt 149 re.; © VDN/pemitz 86 o.; © VDN/Peter Lindel 13 li.; 136 u.; © VDN/Petra Küster 47; © VDN/Raimund Knauf 92 o.; 97 u.; 98; © VDN/Rainer Faymonville 78 u.; © VDN/Rainer Hunold 49 u. li.; © VDN/Rainer Wagner 12 re.; © VDN/Reihnhard Pfeiffer 164 u.; © VDN/Rhoenpitt 56 u.; © VDN/Sabine Schneider 123; © VDN/Saskia31 150 u.; 154 li.; © VDN/schwarzwaldelch 157; © VDN/Siegfried A. Walter 48 o.; 49 u. re.; 85 u. li.; 90 re.; 110 o. li.; 129 o.; 135 u.; 150 o.; 177 u. re.; © VDN/Sigrid Moisel 114 o.; © VDN/Simon 43 o. li.; 80 u.; 153 o.; 156 o.; 160 u.; © VDN/Sonja Haase 18 u.; 22; 72; 86 u.; 104 u.; © VDN/Sorin 111 u. li.;© VDN/Stanislaus Plewinski 15 o.; 121 o. re.; 182 u.; © VDN/StegnerPlan/Jan Stegner 28 o. re.; © VDN/susanne marx 186 o.; © VDN/Sven Züchner 38 u.; 43 o. re.; 152 re.; © VDN/T. Duschner 152 li.; 155; © VDN/talkrabb 154–155 o.; © VDN/Thalhäuser 139; © VDN/Theo Dicks 74 u.; © VDN/Thomas Brey 76 o.; © VDN/Udo Dittmann 75; © VDN/udo stamm 30; © VDN/Ugele 156 u.; © VDN/Ullrich Kaiser 126 u.; © VDN/Ulrike Sobick 79 o.; © VDN/Uwe Liebe 105; 111 u. re.; © VDN/Werner Becker 118 u. li.; © VDN/wietho 27 o. li.; © VDN/Wiethold Stölzner 44 u.; 82 u.; © VDN/wimi 113; © VDN/Winfried Hoor 67; 68 u. re.; © Zottie 188 li.

Die übrigen Abbildungen stammen aus den Archiven des Verlags und des Autors.